プロが教える
あなたの
不動産投資
リテラシーを
鍛える本

株式会社RIG　代表取締役
不動産投資コンサルタント 八木　剛 Tsuyoshi Yagi

SOGO HOREI PUBLISHING CO., LTD

はじめに

広がる将来への不安

近年、将来に対して不安を抱いている人が増えています。

保険大手のアクサ生命が行った『将来のお金に関する意識調査（２０１７）』によると、回答を得られた人のうち、全体の約80％が将来について「不安に感じている」「やや不安に感じている」と答えていることが明らかとなりました。

そのうち、最も割合が多いのは40代の81・5％。次いで、30代の77％、50代の76・5％となっています。さらに、20代でも73％の人が不安を感じているとわかりました。このことから、将来に対する不安は全世代共通の事項であると言えそうです。

では、具体的に、どのようなことに対して不安を感じているのでしょうか。その内訳を見てみると、「超高齢化社会に伴う社会保障サービスの低下」がトップで61・9％。次いで、

「公的年金の引き下げ」が59・5％となっています。

つまり、多くの人は、超高齢化する日本の現状を鑑み、社会保障や公的年金などの制度が過去のものより見劣りしてしまうことを懸念しているのです。その結果、必要なお金は自分で用意しなければならないという意識が高まっているのでしょう。

※アクサ生命『将来のお金に関する意識調査（２０１７）』
http://www2.axa.co.jp/info/news/2017/pdf/170328.pdf

事実、安定したサラリーマンや公務員でも、投資や資産運用、あるいは副業にチャレンジしている人が増えているように感じます。私の専門である不動産投資の分野でも、リスクをとって参入する人が増加傾向にあるようです。

その背景には、超高齢化社会の進展による将来不安だけでなく、残業の縮小による給与カットや会社による副業の支援などもあると予想されます。なかでも不動産投資のような手のかからない投資は、本業のある方でも無理なくはじめられるため、注目されているのです。

はびこる不動産投資の〝失敗〟

とくに近年、株価をはじめとする景気指標が回復傾向にあり、2020年には東京オリンピックの開催を控えていることなどもあり、不動産に注目する要素が散見されます。そのため、この機会に不動産投資をはじめてみようと考える方が増えているのでしょう。その分、不動産業者の数も増加しています。ニーズがあるとわかれば、そこに参入するのがビジネスの基本です。ここ10年ほどにおいて、昔ながらの不動産業者だけでなく、投資用の不動産を扱う業者が増えているようです。

ただし、その裏で、不動産投資に失敗し、大きな負債を抱えてしまう人も少なくありません。とくに不動産投資は、銀行などの金融機関から融資を受けて実施するのが王道です。そのため、失敗してしまうと、結果的に多額の借金が残ることになります

しかも、不動産投資で扱う金額は数千万~数億円単位が普通です。つまり、それだけの負債を抱えて失敗してしまうということは、取り返しのつかない事態になってしまうことを意味します。それが不動産投資の怖さなのです。

年収８００万円ほどの人が、数千万～数億円単位の借金をしてしまうとどうなるのでしょうか。想像に難くありません。

不動産業者から言われるがままに不動産投資をはじめてみた結果、多額の借金を背負うことになってしまう。これから先、そのような人がさらに増えていくかもしれません。それは、デフレ脱却に水を指す景気の悪材料となってしまう恐れもあります。

失敗から学び、不動産投資を成功させるために

１９８０年代の後半から１９９０年代のはじめにかけて、日本は未曾有の好景気を迎えました。いわゆる「バブル景気」です。その背景には、株高による資産価格の上昇と好景気、そして、それを支える〝不動産神話〟があったことを忘れてはなりません。

不動産神話とは、不動産の価格が天井知らずで高騰していくという発想です。ただ、バブル景気の崩壊により、それはあくまでも〝神話〟であったことが証明されています。同様に、景気も循環していくのが定説です。永遠に上がり続けるということはありません。

２００８年に発生し、世界的な不況を引き起こした「リーマン・ショック」を思い出し

てください。その原因となったサブプライムローンはまさに、高金利の住宅担保貸付、つまり不動産ローンであったのです。

このように、不動産に対する投資があまりに加熱することは危険です。とくに一般の人が何も考えずに参入してしまうと、個々人が借金を抱えてしまうだけでなく、社会的にも大きな影響を及ぼす可能性があります。それこそが、過去からの学びであり、教訓です。

ただし、本書で私がお伝えしたいのは、「だから不動産投資はやめなさい」ということではありません。「**将来不安を解消するために、正しい知識と方法論を身につけて、堅実な不動産投資を実施しましょう**」ということです。

不動産投資は、正しい知識と方法論を身につけた上で実践すれば、無理なく勝てる投資です。本書では、その正しい知識と方法論を「**不動産投資リテラシー**」と名づけます。本書を熟読することによって、正しい不動産投資のリテラシーを身につけ、将来のお金の心配を解消していただければ幸甚に存じます。

2018年4月吉日　株式会社RIG　代表取締役　八木　剛

Contents

第3章 不動産投資を取り巻くリスクとリターン

第4章 プロはこう見る！　選球眼を養うための事例集

第5章 不動産投資に必要な3つのスキル

編集協力　山中勇樹
ブックデザイン　中西啓一（panix）
本文DTP＆図表制作　横内俊彦

Chapter

1

なぜ、不動産投資をするのか

01

不動産投資は「ディフェンシブ」な投資である

多種多様な不動産投資の現実

「不動産投資」という言葉に対して、投資経験がある人も、あるいはそうでない人も、果たしてどのようなイメージを持っているのでしょうか。

「大きなお金を動かすハイリスク・ハイリターンな投資」といったイメージでしょうか。それとも、「お金持ちが行っている資産形成法」でしょうか。どちらも〝当たらずといえども遠からず〟といったところです。

本来、「不動産投資」と一口に言うだけでは、そのすべてを表現することはできません。それだけ不動産投資にはさまざまな種類があり、それぞれが相応に奥深く、また時流によっても大きく性質を変えるものだからです。

そもそも世の中には、数多くの投資法があります。投資とは、利益を得る目的で何らかの対象に自らのお金を投じることです。その対象が株だったり、投資信託だったり、あるいは不動産だったりと、対象を変えて行われています。

そのうち、不動産を対象として行われているのが「不動産投資」です。不動産投資はさらに、マンションやアパート、ビルなどを購入して賃料収入で利益をあげる「実物不動産投資」と、不動産投資を行うファンドに投資する「不動産投資信託」（ＲＥＩＴ　Real Estate Investment Trust）」に分けられます。

さらに、実物不動産への投資は、物件の種類によってリスクの内容が異なります。物件がマンションなのかアパートなのか、1戸なのか1棟なのか、中古なのか新築なのか、というように、具体的な不動産の種類に応じて、投資方法も変わってきます。近年耳にすることが増えてきた、民泊やコインランドリー投資も不動産投資の新しい形態です。

このように、不動産投資にはさまざまな種類があり、それぞれに特徴があります。そのため、**「不動産投資とは、こういうものだ」と言い切ってしまうことは難しく、既存のイメージはあくまでも〝ひとつの見方〟でしかない**ということを、まず認識しておいてください。

ディフェンシブな人ほど成功しやすい

そのうえで、私は不動産投資を **〝ディフェンシブ〟（防御的）** な投資であると認識しています。

ディフェンシブな投資とは、「防御的な姿勢で粘り強くリサーチし、日当たりなどの定性的な指標も数値に変換して冷静で論理的な判断ができる人が成功できる投資である」ということです。その点、他の投資対象よりもハイリスク・ハイリターンということはありません。

むしろ、判断材料となる要素を自分自身で見える化できるため、「**適切な計算方法とシミュレーションによって投資対象としての妥当性をほぼ正確に判断できる**」という点に関して言えば、投資の中でも保守的な部類に入ると言ってもいいでしょう。

不動産投資が〝保守的〟と聞いて、驚かれる方もいるかもしれません。たしかに、不動産投資には数千万～数億円単位の資金が必要となります。それだけのお金を動かす投資のどこが保守的なのかと不思議に思うのも無理はありません。

ただし、不動産投資について知れば知るほど、不動産投資に勝つために必要な要素（資質・能力）は絞り込まれていきます。私は本書でそれらを「**人間力**」「**相場観**」「**シミュレーション**」の3つの言葉で表現しています。つまり、これら3つを身につければ誰でも不動産投資で勝てるということです。

ここに、「不動産投資が保守的でディフェンシブなものである」と表現できる理由があります。**やるべきことをきちんとやり、身につけるべきスキルをきちんと身につければ、不動産投資は負けにくい投資**なのです。

たしかに、人に言われるがまま、あるいは闇雲に物件を購入してしまえば、失敗する確率は高いでしょう。その結果、数千万～数億円単位の借金を背負ってしまうこともあり得ます。そのような人を目の当たりにすると、「不動産投資はハイリスク・ハイリターンだ」と考えてしまうのも自然なことです。

では、ディフェンシブな姿勢で堅実に取り組み、成功している人の体験談についてはどうでしょうか。それは、本気で取り組んでいる人にしか届いていません。

潜在的なリスクを1つずつ潰していく

現状、不動産投資に関して書かれた書籍が書店にたくさん並んでいます。近年の株高による好景気を受けて、不動産投資をやってみようと考えている方が増えている証拠かもしれません。実際、多くの不動産投資本のタイトルや帯には、「儲かる」「稼げる」といった煽り調のキャッチコピーが踊っています。

ただし、前提として、「この投資法を実践すれば必ず勝てる」というものは世の中にありません。仮にそういったものがあるとすれば、それは詐欺の可能性が極めて高く、かつ〝プロの事業者だけ〟が儲かるビジネスであると予想できます。そうでなければ、誰が他人に勧めるのでしょうか。

あらゆる投資も、あるいはあらゆるビジネスも、「この方法論なら絶対に勝てる」ということはありません。大切なのは、「**何のために投資をするのか**」ということを明確にし、実現する目標を明確にした上で、着実な投資を実践することなのです。

不動産投資であれば、不動産投資の仕組みをよく勉強し、物件について研究しながら人脈を形成したり、あるいはお金全般の勉強、政治や金融情勢の研究をしたりなど、継続的に努力する必要があります。その前提なしに、勝てる投資などあり得ません。

ここ数年、新しい技術であるブロックチェーンを採用したいわゆる「仮想通貨」が投資対象として人気を博しています。ただ、その裏側では、数億円や数十億円、あるいは数百億円規模のトラブルへと発展しているのは周知の通りです。

投資はあくまでも自己責任です。そして、自己責任ということは、自らのお金を守るために、きちんと学び続けなければならないということです。

POINT

- 不動産投資は多種多様であり、強い固定観念を持つことはマイナスである。
- 不動産投資は、他の投資商品と比べれば、〝ディフェンシブ〟だと言える。

02

不動産投資における「勝ち組」と「負け組」とは

甘い言葉が蔓延《まんえん》する不動産業界

不動産業界には、さまざまな〝甘い言葉〟が蔓延しています。毎月のように出版されている書籍のタイトルや帯の文章から、その一部を引用してみます。

・家賃収入が〇円になる！
・高家賃でも空室ゼロ！
・たった〇年で〇円の収入を達成！
・みるみるお金が増える！

・お金持ちになる！
・自由になれる！
・セミリタイアできる！
・不労所得を得られる！
・年収◯円だった僕が資産◯億円を築いた方法
・自己資金ゼロからの

このようなキャッチーな言葉によって不動産投資に関心をもたせ、さらには夢を抱かせるような書籍がたくさんあります。個々の書籍の内容の善し悪しはさておき、こういった事実が、不動産投資業界のイメージを形成していることは間違いありません。

たしかに、どれも魅力的な言葉ばかりです。とくに不動産業者のメインターゲットとなる不動産投資の知識の浅いサラリーマン・公務員にとって、本業以外の収入が得られる、あるいはセミリタイアや不労所得、仕事から自由になるなどの言葉は、つい反応してしまうのではないでしょうか。

「嫌な仕事を辞められる」「満員電車での通勤がなくなる」「上司や部下とのやりとりに煩

わされない」「一生、働かなくてもいい」

これらの夢があたかも不動産投資で簡単に実現できるかのような印象を抱かせるキャッチコピーすらあるのです。

しかし、実際はどうなのでしょうか。もちろん、不動産投資で大きく成功しているサラリーマン・公務員もいます。成功し、会社を辞め、さらには会社を設立して不動産投資を事業として行っている人もいます。「セミリタイアできる」「将来に備えた資産形成が可能」というのは、まったくの嘘ではありません。

しかし、その裏側には、「負け組」が存在していることを忘れてはなりません。甘い言葉に踊らされ、何も考えずに不動産投資に参入してしまうことは、そうした負け組への道を歩むことになり兼ねません。

「勝ち組」と「負け組」を分けるポイントとは

では、何が不動産投資における「勝ち組」「負け組」の分水嶺となるのでしょうか。「負け組」の特徴からそのポイントを洗い出してみましょう。

まず、**判断能力が乏しい人**、つまり意思決定のレベルが低い人は不動産投資に失敗する傾向があります。高いレベルの意思決定の前提となるのは、不動産に関する豊富な知識であり、かつ慎重に判断しようとする冷静さです。具体的に考えようとしなければ、判断力は身につきません。

また、不動産投資はディフェンシブな人ほど成功しやすいと述べてきたように、あまりに大胆な人も失敗しやすいでしょう。慎重さともつながりますが、不動産投資は大きなお金が動くだけに、石橋を叩いて渡るぐらいがちょうどいいと言えます。

その他には、**きちんとリサーチできない人**は失敗する可能性がかなり高いです。情報収集は投資判断の根幹となる要素です。正しいリサーチを経て、さらには得られた情報をきちんと分析し、その上で慎重に判断できない人は失敗する確率が高くなります。

なぜリサーチや分析が必要なのかと言うと、「**不動産投資はリスクを図ることがすべて**」だからです。その物件を購入することで生じるあらゆるリスクを想定し、そのリスクと得られるリターンを比較しつつ、最終的な意思決定をするのが基本です。

端的に言えば、リスクからの逆算がポイントになります。物件を購入してからどうするかを考えるのではなく、物件を購入する前に綿密なシミュレーションを行い、あらゆるリスクを出し切った上でどうなるかを予測しておくことが基本なのです。不動産投資がディフェンシブな投資と言われる理由もそこにあります。

そのような訓練を日頃からしておけば、いい物件と出会える確率も高まります。

リスクとリターンのバランスを徹底的に把握する

あらゆる投資がリスクとリターンのバランスから成り立っているように、不動産投資もまた、事前にリスクをどれだけ把握できるかにかかっています。あまりにリスクが大きければ参入するべきではないですし、リターンが少なすぎる場合も同様です。

よくある失敗例として、リスクが少ないと判断して物件を購入したのはいいものの、得られるリターンもまた少なく、結果的に収益性に乏しくなってしまったというのがあります。このような例はまさに薄利がリスクであることを認識していない証拠です。

不動産投資において、薄利は大きなリスクとなります。初期投資が（たとえ、それが金融機関からの借入だったとしても）他の投資と比較して高額なため、少ない収益では採算がとれません。その点、**リスクとリターンのバランスは大事**なのです。

貸借対照表という観点から考えると、物件を購入すれば資産として土地と建物が加わることになります。債務状況を勘案し、その時点で簿外資産がプラス（相場より安く買えた）になっていればそれはそれで成功ですし、いきなり簿外資産がマイナスに陥ってしまうという失敗例も少なくありません。

さらには、月々のローン返済額と家賃下落率を含む家賃収入、税金、物件の相場など、リスクおよびリターンに影響する指標は無数にあります。いずれも探し続けていればキリがないため、重要なものだけをピックアップし、瞬時に判断できるようにするべきです。

「そんな面倒くさいことをしなければならないのか」と思われる方もいるかもしれません。しかし、不動産投資で成功するには、そのような過程を経る必要があります。不動産投資を取り巻く甘い言葉に惑わされることなく、堅実な投資を行いましょう。

POINT

- 不動産投資では、リスクを図り、リスクから逆算することが基本となる。
- 不動産投資は、リスクとリターンのバランスで意思決定することが大切である。

03 不動産投資は「誰でも・どこでも」勝てる

日々の勉強が違いを生む

不動産投資で勝つためのポイントはそれほど多くありません。第5章で詳しく解説しているように、私は「**人間力**」「**相場観**」「**シミュレーション**」がすべてだと考えています。

ただ、それら3つのスキルを身につけるには、日々、不動産投資について勉強しなければなりません。それこそ、不動産が嫌いでなるべく関わりたくないということであれば、不動産投資で勝つことは難しいことでしょう。

たとえば、不動産投資をするには、「マイソク」を読めなければなりません。マイソクとは、対象となる不動産の物件概要や間取図、地図などの情報がコンパクトにまとめられた資料のことです（第４章の事例紹介でそれぞれ掲載しています）。

このマイソクに掲載されている事項を瞬時に読み取り、必要な情報からその物件が投資対象になり得るかどうかを判断できなければ、不動産投資の成功確率を高めることはできません。そして、その見方については、通常の生活で知ることはないのです。

つまり、自ら不動産投資について勉強し、知識を得るなかにおいて、マイソクの見方についても勉強していかなければならないということです。たとえば、次のような用語について、どのくらい理解しているかチェックしてみてください。

・イールドギャップ
・インカムゲイン
・フルローン／オーバーローン
・元利均等返済／元金均等返済
・インカムゲイン／キャピタルゲイン
・表面利回り（グロス）／実質利回り（ネット）
・サブリース

・プロパーローン
・ＲＣ造／ＳＲＣ造／Ｓ造
・ＤＣＦ法
・ＤＳＣＲ
・ＬＴＶ
・ＲＯＩ

どれもインターネットで調べればすぐにわかる用語ではありますが、不動産投資を実践する方であれば、知っていて当然の知識です。そのぐらいの努力は、不動産投資で勝つための基本であると言えます。

ちなみに、それぞれの意味は次の通りです。

・イールドギャップ……投資利回りと金利の差
・インカムゲイン……資産を保有することによって安定的・継続的に得られる収入
・キャピタルゲイン……資産の売却時に得られる利益（売却益）

・フルローン……物件購入金額の全額について金融機関から融資を受けること
・オーバーローン……物件価格に加えて、諸費用まで金融機関から融資を受けること
・元利均等返済……ローン返済額が毎月一定の返済方法
・元金均等返済……ローン返済額のうち、元金の額が一定の返済方法
・表面利回り（グロス）……年間の家賃収入÷物件購入価格
・実質利回り（ネット）……（年間の家賃収入－年間支出）÷物件購入価格
・サブリース……転貸を目的とした一括借上げサービスのこと
・プロパーローン……保証会社を使わず、金融機関が独自の審査によって融資するローン
・RC造……鉄筋コンクリート
・SRC造…鉄骨鉄筋コンクリート
・S造……鉄骨造
・DCF法……お金の時間的価値を考慮に入れて、現在の価値を算出する手法
・DSCR……年間純収益÷年間元利返済金
・LTV……借入額÷不動産価格
・ROI……投資した資金に対する得られた利益のこと

不動産投資に取り組む企業と個人

少し視点を変えて、不動産投資の本質に迫ってみましょう。

不動産投資を行っているのは、一般の個人だけではありません。不動産業以外の事業を営んでいる企業が、安定的な収益源を増やすために、不動産投資を行っている事例も少なくないのです。まさに不動産投資が堅実な投資であり、事業であることの証左と言えます。

たとえば、ある企業が収益を得られる不動産を購入したとします。その企業は季節性のある事業を行っているため、年間の収益をより安定化させるための施策です。ただ、収益だけでなく、消費税の節税や財務諸表の健全化など、思わぬ効果も得ることができました。収益の安定化や節税によって資金繰りが改善し、財務諸表も見栄えが良くなれば、金融機関との交渉もしやすくなります。その結果、本業の方にもプラスの影響をおよぼします。加えて、不動産事業を拡大することで、将来的には事業の柱にもなるでしょう。

これが一般の個人であったらどう考えればいいでしょうか。実は、とらえ方そのものは同じです。本業以外の収益を得ること、節税をすること、家計の資金状況を健全化させること。いずれも、個人の資産形成にとって重要な事柄です。

そして、最終的には不動産投資そのものが副業ではなくなれば、自らのビジネスを手に入れることになります。それは言い方を変えれば、「脱サラ」であり、「セミリタイア」とも言えるはずです。

ただ、誤解しないでいただきたいのは、企業が事業として行うにしても、個人が副業として行うにしても、高額な資金を投じていることに変わりはありません。そう考えれば、きちんと勉強しないことなどあり得ないとわかるはずです。

過大な期待を抱かないこと

たしかに、**不動産投資はきちんと基本を踏まえておけば、「誰でも」「どこでも」勝つことができます**。それは企業が行う場合であっても、個人で行う場合であっても同様です。あくまでも本質は、堅実なビジネスなのです。

その点、ギャンブルや宝くじのような一攫千金《いっかくせんきん》狙いの手法とは性質を異にしています。

「不動産投資」と聞いてそのようなイメージを抱いてしまう方は、考え方を改めるべきでしょう。当然、リスクもありますし、相応の負担もあるものだからです。

そもそも、過度な期待を抱いて不動産投資に参入することからして、方向性が間違っている可能性があります。不動産投資の目的は、個々人によって異なるはずですが、闇雲に大金を得たいというのは問題です。

そうではなく、何のためにどのくらいの資金が必要で、そのために不動産投資は最適なのかどうなのかを見極めつつ、自らの特性も勘案し、不動産投資に参入するのが得策です。本来、あらゆるビジネスはそうあるべきではないでしょうか。

「サラリーマンでも勝てる」というのは、あながち嘘ではありませんが、真実が巧みに隠されているように感じます。「勝てる」という言葉の意味を「ラクして大金が得られる」ととらえてしまうようでは、不動産投資に向いているとは言えません。

不動産投資で高い勝率を維持している人は、それこそ、日々勉強を重ねています。「誰でも」「どこでも」勝てるという前提には、そのような努力があることを忘れてはなりません。そして、それは、不動産投資だけでなく、すべての投資に不可欠な姿勢ではないでしょうか。

POINT

・不動産投資は、基本を踏まえれば、「誰でも」「どこでも」勝つことができる。
・ただし、前提として、努力しなくても楽して稼げるという考え方は改めるべき。

04

不動産投資のメリット

様々なメリットがある

ところで、不動産投資をしているのはどのような人なのでしょうか。また、不動産投資に向いている人あるいは向いていない人には、それぞれ何らかの特徴はあるのでしょうか。ここでは、不動産投資の対象者について考えてみましょう。

そもそも不動産投資はあくまでも投資です。そして、不動産投資に関わらず、投資の目的はリターンを得ること、つまり投資した額よりも多くのお金を獲得することにあります。そのような目的は、あらゆる事業とも共通しています。だからこそ、不動産投資は事業でもあるのです。

そのうち、とくに不動産投資ならではの利点として、次のようなものが挙げられます。

- 労働収入ではなく不労所得が得られる
- 堅実な資産形成が可能となる
- 借入によってレバレッジを効かせられる
- 生命保険の代わりとなる
- インフレーションに強い
- 相続対策や節税としての活用も可能

通常、購入した物件は管理会社に管理を委託します。費用はかかるものの、基本的にオーナーが自ら管理する必要はありません。その点では、不労所得が得られます。また、リスク管理とシミュレーションをきちんと行っておけば、堅実な資産形成が可能です。

「レバレッジを効かせられる」とは、手元資金だけでなく、金融機関からの借入によって大きなお金を動かせられるということです。その結果、元手資金の限度をはるかに超えた投資を行なえます。

「生命保険代わりになる」とは、いわゆる「団体信用生命保険」（団信）に加入するためです。団信とは、物件の所有者が死亡あるいは高度障害にかかってローンの返済が不可能になったとき、保険金によってローンを返済できる制度のことです。残された家族はローンの支払義務を負わずに物件をそのまま受け継ぐことができます。

「インフレーションに強い」とは、物価の高騰にともなって通貨の価値が下落する一方、不動産の価値はそれほど変化しないか、あるいは上昇する可能性があることです。

POINT

・不動産投資には様々なメリットがある。
・レバレッジを効かせることにより、元手資金よりも大きな投資が行なえる。

05

どのような選択肢があるのか

不動産投資は「相場」がすべて

不動産投資で成功するために必要な要素には、「人間力」「相場観」「シミュレーション」の3つがあると言いました。そのうち、とくに重要な「相場観」について、あらためて、不動産投資の本質とともに見ていきましょう。

まず、不動産投資の大きな流れとしては、購入するべき優良物件を見つけ、金融機関からの融資により（あるいは自己資金で）その物件を購入し、運用して運用益を得て、売却して売却益を得る、というものになります。

また、物件の購入には不動産業者が、融資には銀行が、運用には管理会社が関係してきます。

では、不動産投資の本質をつく、最も基本的な〝成功法則〟はどこにあるのでしょうか。

それは、「**より安く物件を買い、適切に運用し、より高く売却する**」ことに他なりません。

それを継続的に行うことができれば、不動産投資は「事業」となります。

このことからも明らかなように、不動産投資は、相場を見ることができれば高い確率で勝つことが可能となります。だからこそ、相場観を養うことが大事なのです。買うべき不動産の相場を見ることができないのであれば、参入するべきではありません。

もちろん、シミュレーションに必要な細かい数値を収集・把握する能力や、計算力や交渉力なども重要なスキルです。ただ、前提となる不動産投資の相場観が養われていなければ、物件を安く仕入れ、高く売却することはできないのです。

それが、不動産投資は相場がすべてと言われる所以です。

損得の見極めが勝敗を決める

その点、不動産投資はシンプルな構造をしています。購入する物件が高いか、それとも安いのか。それを見極めるために、不動産投資に必要なあらゆる行動が存在していると言っても過言ではありません。

極端な話、購入するべき物件が相場と比較して安いのか高いのか、それがわかれば、不動産投資で勝ち続けることは可能です。むしろ、それが正確にわからないために、情報収集やシミュレーション、あるいは交渉が必要となるのです。

そう考えると、**いかに相場を正確に判断できるかが、不動産投資の成否を分ける**ことになります。「買うか・買わないか」という意思決定をするために、多くの時間や労力をかけているのが不動産投資の実態というわけです。

ただ、物事はそう簡単ではありません。不動産投資にはたくさんのライバルが存在していますし、物件の数も無尽蔵にあるわけではありません。また、社会情勢も大きく影響するため、時流をきちんとつかむことも欠かせないのです。

たとえば、リーマン・ショック後は、物件価格が大きく下がりました。同じ物件でも、社会情勢によって変わるということです。また１９９０年前後のバブル期などは顕著な例でしょう。それこそ、物件価格が何倍にも跳ね上がったのですから。

そのように、相場を正しく判断できれば勝てるとわかっていても、未来のことが誰にもわからないように、不動産投資の相場もまた正確に測るのは困難です。少なくとも、不動産に関する深い知識や知見がなければ、勝負できないのは間違いありません。

選択肢を狭める必要はない

不動産投資の方法論として、「新築か中古か」「1棟か1戸か」「都心か地方か」など、それぞれの対立軸から特定の物件を勧めていることが多いように感じます。たとえば、「都心で新築の1棟を買え」というような主張です。

しかし、結論から言うと、そのような種類で分類した不動産投資法にあまり意味があるとは思えません。なぜなら、**どんな種類の不動産であっても、条件が良ければ勝つことは可能**だからです。

むしろ、そのようにして不動産の種類を特定してしまうことは、投資先を狭めてしまうことになり兼ねません。そうではなく、きちんと相場を見極めた上で検討することの方が、不動産投資の勝率を高められると言えます。

とくに懸念されるのは、特定の種類の不動産にフォーカスするあまり、相場観やシミュレーション、あるいは人間力がおろそかにされてしまうことです。人間力を養い、きちんと相場を把握し、シミュレーションを経て物件を購入するのであれば、新築でも中古でも、1棟でも1戸でも、あるいは都心でも地方でも勝てるのです。

そうした基本的な事項を忘れ、「都心で新築なら勝てる」「初心者は中古を1戸から」などと表面的なことばかり気にしていたら、いつまで経っても不動産投資家としての〝地力〟が醸成されません。

しかも、不動産投資は最初の投資物件がとても重要です。最初でつまずいてしまうと、多額の借金を抱えることになり、場合によっては再起不能となってしまいます。だからこそ、選択肢を狭めるのではなく、不動産投資で勝つための基本に立ち返ることが大切なのです。

POINT

- 「相場より安く買い、適切に運用し、相場より高く売る」のが不動産投資の王道。
- どんな不動産であっても勝つための条件があるので、選択肢を狭める必要はない。

06 その他の不動産ビジネスについて

投資家として、事業主として

本章の冒頭でも述べているように、不動産投資はある物件に投資するだけの単純なものではありません。極めれば極めるほど、投資家として成長し、多くの収益が得られるだけでなく、複数物件の運用や法人事業としての展開も可能となります。

だからこそ、不動産投資に取り組む人は、「投資家」という感覚ではなく、「**事業主**」であることを自覚しておいた方がいいでしょう。金額はもちろん、事業の規模や成長性、あるいは拡張性という意味からも、不動産投資はビジネスそのものです。

まず、参入するための金額が数千万円～数億円ほど必要になります。もちろん、多くの人は金融機関からの融資によってそれだけの金額を用意するわけですが、他の投資と比べても、初期投資の桁が違うことは明らかでしょう。

また、不動産投資の基本は、「物件の購入」→「運用」→「売却」という3つの段階を経ることになります。このうち、「運用」に関しては、株や投資信託とは異なり、実物がある分、運用益を自身でコントロールできます。当然、管理会社などの協力も欠かせません。

あるいは、「金融機関との関係性が重要」という意味においても、事業性があると言えそうです。一般的なビジネスは、金融機関からの融資によって事業を行います。最初は手元資金だけでスタートしたとしても、事業の拡大にともない、融資を受けるのが一般的です。

とくに不動産投資の場合、スタートの段階で融資を受けるのが一般的です。手元資金で数千万円～数億円のお金を用意できる人はそういません。だからこそ、銀行をはじめとする金融機関から融資を受けるわけです。そうした構造はまさに、事業と同じなのです。

事業主として必要なこと

では、「不動産投資は、投資でもあり、事業でもある」と考えた場合、どのようなことが必要となるのでしょうか。いわゆる〝経営者の資質〟という観点から想像してみましょう。

まず、経営者に求められるのは詳細な事業計画です。マーケットの状況や社会的な情勢、あるいはニーズやウォンツなど、あらゆる経済状況を加味した上で作成された計画がなければ、事業を円滑に進めていくことはできません。

当然、融資においても計画性が求められます。銀行は、その会社がどのような財務状況にあるのかや、今後の戦略、あるいは中長期的な計画をもとに融資の判断をするわけです。その際、中長期計画がきちんと作成されていなければ、色良い返事はもらえないでしょう。加えて、事業の将来性についての判断も重要となります。着手する事業が将来、どのような可能性を秘めているのか。その可能性が大きければ大きいほど、ビジネスは加速していくと期待されます。縮小していくビジネスに参入するのは得策ではありません。

また、ビジネスは1人で行うものではありません。パートナーや社員はもちろん、取引先や金融機関、あるいは投資家など、ステークホルダーを含むあらゆる人々との折衝によって実現できるものです。その点、人間的な魅力も必要となるはずです。

その他の資質としては、どんな状況になっても事業を進めていける推進力や論理的思考力、数字に対する強さ、交渉力、体力なども求められます。このように、経営者には多くの資質が必要となるのです。

これらのことを踏まえて、不動産投資に置き換えて考えてみると、大きく「**人間力**」「**相場観**」「**シミュレーション**」の3つに集約できます。そして、それはビジネスでも同じだと言っても過言ではないのです。

多種多様な不動産ビジネス

また、不動産投資には、いわゆる物件を購入して売却するといった王道の手法だけでなく、さまざまなビジネスへと発展することがあります。その点、不動産投資には幅広いポテンシャルがあると言えます。とくに近年、注目されているのが「民泊」でしょう。

民泊とは、ホテルや旅館などの宿泊施設ではなく、一般の民家に人を泊めること、あるいは泊まることです。貸し手としては収入が得られ、借り手としては好みの場所で安価に宿泊できるというメリットがあります。

その背景にあるのは、「シェアリングエコノミー」（共有経済）という概念です。シェアリングエコノミーが普及するにあたり、自動車などの〝モノ〟や、軽作業などの〝コト〟

だけでなく、泊まるための〝場所〟もまたシェアするという発想が一般化しつつあるのです。とくに海外では、Airbnb（エアビーアンドビー）などの企業が民泊を促進していることもあり、ごく一般的に行われているところもあります。日本においても、2018年6月15日からいわゆる「民泊新法（住宅宿泊事業法）」が施行され、民泊の普及に拍車がかかると予想されます。

これまで、投資によって購入した不動産は、一般的な賃貸に出すか、あるいはサブリース業者に依頼するなどの運用方法しかありませんでした。しかし、これからは、民泊によって、訪日外国人など、より幅広い層に貸し出すという手法も選択肢に加わります。

あるいは、1棟で購入したマンションの1階部分をテナントにしたり、コインランドリーとして展開したりするなど、多角的な経営をすることも可能です。不動産は場所を提供するビジネスなので、そういった幅広い事業へと拡大することもできるのです。

POINT

- 不動産投資はただの投資ではなく、「事業」であることを意識すべきである。
- 「事業」である以上、投資家には「経営者的な資質」やスキルが求められる。

Chapter 2

まずはじめに自分の目標を設定しよう

01

まずは、今の自分を見つめ直す

まずは現状を把握しよう

不動産投資を実践するにあたり、まずやるべきことは、基礎知識を身につけたり、あるいは情報収集をしたりすることではありません。たしかにそれらは重要ですが、それよりも、〝**自らについて改めて考える**〟ことからはじめましょう。

自らについて考えるとは、「自分について（性格、趣味嗜好など）」「自らの状況（職業、強みなど）」「家庭の状況（家族構成、家計など）」「将来のライフプラン（将来設計）」などについて、きちんと確認することを指します。

「自分について」とは、性格や趣味嗜好以外に、過去にどのようなことをしてきたのかや、今後はどのようなことをしていきたいのかも含みます。そのようにして、見落としがちな本来の自分を発見し、その上で不動産投資の目的について考えてみるのです。

「自らの状況」とは、自分が置かれている状況であり、現状のことです。どのような職業に就いているのかはもちろん、使える時間がどのくらいあるのかや、週末の過ごし方などについても、改めて確認しておきましょう。

「家庭の状況」に関しては、家族構成や家計の現状など、不動産投資を実践する際に影響がおよぶ範囲について検討します。家庭の状況を精査してみると、「○年後には、子どもの教育費として○円が必要」など、具体的な数字が浮かび上がるはずです。

最後は「将来のライフプラン」です。自分についてはもちろん、家族のみんなが将来どうなりたいのかを確認し、それらを踏まえてお金について考えてみましょう。その結果、本当に必要な収入がいくらなのかが見えてきます。

目的が不明確なままで着手しないこと

このように、あらかじめきちんと現状を把握しておけば、ブレることなく投資をスタートすることができます。このような過程を経なければ、闇雲にお金を追い求めてしまい、結果的に目的に到達できないということになり兼ねません。

また、向かうべき方向性が明らかになっていないと、どのような投資が最適なのかもわかりません。不動産投資は堅実な投資ではありますが、数字や計算がどうしても苦手な人は誰か信頼できるパートナーに任せるなど、すべてを自分で無理にやるべきではないのです。

一方、不動産についての知識がすでにあり、情報収集やシミュレーション、交渉などに使える時間が十分にあるのなら、不動産投資に向いていると言えます。加えて、将来のライフプランを見越し、家族の賛同も得られているのならなおさらでしょう。

改めて自分や家計について考えてみると、これまで意識していなかったことが見えてくるものです。自分が本当にやりたかったことや、家族とともに目指すべき未来など、大切なものが浮き彫りになるのです。

そして、それらが具体的な数字をともなって把握できると、将来に必要なお金を逆算できます。それはまさに「人生のシミュレーション」と言ってもいいでしょう。その段階からすでに資産運用は始まっているということです。

きちんと人生の目標を設定した上でシミュレーションをしていなければ、確実な数字を割り出すことはできませんし、何より数字をともなった収益計算もできません。収益計算がいい加減なままでは、不動産投資で勝つことは難しいのです。やはり、勝負は数字で決まります。

物件価格の1割を自己資金で支出できるか

たとえば、家計における貯金の状況などは、不動産投資を実践するにあたり重要な要素となります。自己資金ゼロでも、フルローンやオーバーローンによって不動産投資は可能だと主張する業者もありますが、それは危険でしょう。

なぜなら、フルローンやオーバーローンの危険性に言及する前に、その人がこれまでまったく貯金をしてこなかった状況に問題があるためです。貯金ができなかった理由はさまざまだとは思いますが、要するに「お金に対するリテラシーが低い」ということも意味しているのです。

とくに、安定した職業に就いていていながら、貯金ができていない人は注意した方がいいでしょう。お金というものに対して、よりリテラシーを高めてから不動産投資に取り組んでも遅くはありません。そして、その方が成功確率も高まるはずです。

また、たとえ貯金があったとしても、そのすべてを投資に回すのも考えものです。投資とは、資産全体を考慮しつつ、バランスを保ちながら取り組むべきものです。いざというときのために使える資金を残していくことは大切です。

そういったことも含めて、今の自分を見つめ直し、不動産投資にどのようなスタンスで取り組むのかを考えてみてください。また、現状把握をするには、以下のようなチェックリストを活用するといいでしょう。

①「自分について」

・性格
・趣味嗜好
・過去の経験や体験
・将来の夢

②「自らの状況（職業、強みなど）」

・職業（職歴）
・強み
・弱み
・望ましいキャリア

③「家庭の状況（家族構成、家計など）」

・自分の年収
・世帯年収
・貯金
・家族構成

④「将来のライフプラン（将来設計）」

・1年後の家計状況
・5年後の家計状況

・10年後の家計状況
・30年後の家計状況

POINT

・不動産投資において重要なのは、まず「自らについて改めて考える」ことである。
・自らを見つめ直すことで不動産投資の目的が定まり、正確な収益計算ができる。

02

不動産投資によって何を実現したいのか

明確な目標が不動産投資を成功に導く

自らの現状をきちんと確認した上で、不動産投資によって何を実現したいのか、その「**目的**」について考えてみましょう。

月々の収入（キャッシュフロー）を得たいのか、年収を増やしたいのか、あるいは将来に備えて資産を残したいのかなど、それぞれ目的は異なるはずです。場合によっては、相続税や所得税を含む節税対策として不動産投資をするという判断もあるでしょう。

自分についてはもちろん、自分が置かれている位置を正確に把握していれば、無理のない範囲で目的を設定することができます。

できることなら、「○年で○億円の資産を築く」とか「年収○万円を達成してセミリタイアする」といった定量的な目的だけではなく、より詳細で定性的な目的も決めることです。定量的な目的のみの設定は不動産投資をマネーゲームとして見てしまうこととなり、不動産投資の事業としての本質が見えなくなる恐れがあり危険です。

不動産投資はギャンブルではありません。「お金持ちになりたい」と考えるのは悪いことではありませんが、きちんと事業計画に沿った投資を実行しないと、シミュレーションが甘くなり、不動産業者の言いなりになってしまう可能性があります。

そうではなく、「自らが自らの資産を管理する」という意識を強く持ち、そのために正確なシミュレーションを構築する技術を得て、投資を実行するべきです。不動産投資で稼いでいる人は、総じて慎重であり、かつ計画的な人々なのです。

その点、守るべきものがある人は向いていると言えます。将来のことを考え、本業もきちんとこなしつつ、かつ不動産投資で資産運用する。その背景に守るべきものがあるとすれば、より慎重な判断ができるはずです。

知識と経験、人間力で勝負する

不動産投資で継続的に稼いでいくためには、自らの状況について把握した上で、不動産投資に参入するべきかを検討する必要があります。その上で、不動産についての知識を身につけつつ、シミュレーションを通じて経験値を高めていくことです。

また、営業力や交渉力を高めることも欠かせません。不動産投資は、株やFXのように1人で完結できる投資ではないからです。不動産業者との交渉はもちろん、金融機関や仲介会社、管理会社、あるいは税理士など、取引先はたくさんあります。

そのような人々と交渉し、あるいはパートナーとなる過程では、総合的な人間力が問われます。相手のメリットも考えて交渉できることや、数字をベースにした論理的な会話ができるなど、基礎から応用までさまざまなスキルが求められます。

もっとも、それらのスキルは不動産投資を実践しながら身につけていっても構いません。目的が明確になっており、その上で不動産投資が最適だと判断できたら、不動産投資を実践しながら学べることはたくさんあります。

知識も経験も、あるいは人間力についても、きちんと努力する姿勢があれば、実践しながら向上するはずです。あとは、どれだけ真剣に不動産投資に対して向き合えるかが大事です。片手間という感覚で実践しても、得られるものは限定的でしょう。

そうではなく、本業もおろそかにせず、家庭もきちんと顧みながら、不動産投資に対しても真摯《しんし》に向き合うことが重要です。熟練のプロたちが稼いでいる市場であることを忘れることなく、主体的になって取り組むことから、勝機は生まれてくるのです。

自らの足で稼げない人には難しい

また、不動産投資は座学だけで勝てるものではありません。不動産業者と話したり、現場に足を運んだりして、情報収集を重ねる必要があります。その点、自らの足で稼ごうとする姿勢がない人には、チャンスが乏しい投資という性質があります。

たとえば、物件に関する情報の多くは現在インターネットから入手することが可能です。大手企業が運営する不動産情報サイトをはじめ、「楽待」や「健美家」など、不動産投資に特化したサイトを閲覧すれば、それだけで情報収集の基本を押さえられます。

〈代表的な不動産情報サイト〉
●楽待　http://www.rakumachi.jp/
●HOME'S不動産投資　http://toushi.homes.co.jp/
●ノムコム・プロ　http://www.nomu.com/pro/
●東急リバブル投資用　https://www.livable.co.jp/toushi/
●健美家　https://www.kenbiya.com/

ただし、これらはあくまでも基本情報でしかありません。実際に購入を検討する際には、販売する不動産業者から話を聞くことはもちろん、現物を確認したり、あるいは周辺環境を調査したりするなどの作業も必要です。そして、それらは実際に足を運ばなければできません。

もちろん、場合によっては現物を確認せずに購入を決定することもあります。しかし、それはあくまでもプロだからできることです。不動産投資をはじめたばかりの人はもちろん、初中級者はやはり現物を見ていないのであれば購入を控えてください。

大切なのは、そのようにきちんと手間と労力を投じ、自分の目で物件選びをするということです。そうした行動が経験値となり、相場観や判断力を養います。当然、座学では得られないような知見も得られるはずです。内覧は収入の根拠及び支出の根拠を確認することができる最大のチャンスです。

加えて、「**関係する業者の人々から、いろいろなことを教わる**」というのもいい経験になります。ですから内覧時はいろんな協力してくれる方々にも来てもらってください。不動産業者からは物件の情報について、施工業者からは建物について、あるいは管理会社から管理について聞くなど、学べる場は実にたくさんあるのです。

POINT

・不動産投資は1人で完結することはなく、多くのパートナーとの連携が不可欠。
・不動産投資において大事なのは、「自分の足で稼ぐ」というスタンスである。

03

タイプ別　不動産投資の王道パターン①インカムゲイン

投資の目的を明らかにした上で、不動産投資の王道パターンについて見ていきましょう。とくに不動産投資によって得られる収入という点から考えて、「**インカムゲイン**」「**キャピタルゲイン**」「**老後の資産形成＆節税**」という大きく３つのポイントを押さえておいてください。

「インカムゲイン」とは

まずは、不動産投資における「インカムゲイン」についてです。

インカムゲインとは、いわゆる「**毎月の運用益**」のことです。ある投資商品を運用し、それによって得られる収益がインカムゲインとなります。とくに不動産投資の場合、家賃収入と必要経費の差額がインカムゲインとなります。

ここで注意しておきたいのは、インカムゲインを単なる家賃収入と考えてしまわないことです。「不動産投資のインカムゲイン＝家賃収入」と理解してしまうと、必要経費や管理費、返済額などを差し引いた本来的な〝収益〟を見落としてしまいます。

たとえば、1戸あたりの家賃が5万円の部屋がトータル20戸あるマンションを購入したとします。その場合、年間の売上はいくらになるでしょうか。計算式は「5万円×20戸×12カ月」となるため、売上は1200万円となります。

このとき、この1200万円を丸々インカムゲインと考えてしまうと、それだけで不動産投資はとても儲かるような気がしてきます。しかし、実際にはそこから経費や月々のローン返済を支払うため、手元に残るお金はそれほど多くないのです。

加えて、固定資産税はもちろん、売上から経費を差し引いた「課税所得」からは、所得税も支払わなければなりません。そのようなことから、「売上＝インカムゲイン」と考えるのではなく、「**収益（利益）＝インカムゲイン**」と考えた方がいいでしょう。

不動産投資におけるインカムゲインを測る指標

不動産投資におけるインカムゲインを測る指標としては、「**表面利回り（グロス）**」や「**実質利回り（ネット）**」などがあります。

表面利回り（グロス）とは、年間に得られる家賃収入を物件購入価格で割ることによって求められます。たとえば、1000万円の物件で年100万円の家賃を得られるのであれば、表面利回りは10％となります。

ただし、表面利回りには管理費などの必要経費が考慮されていません。そのため、表面利回りはおおまかな投資適格性を判断するのには向いていますが、より正確な投資判断をするのには向いていないことになります。あくまでも参考程度にしておくといいでしょう。

より詳しく判断するには、必要経費（支出）も考慮した実質利回り（ネット）を活用します。実質利回りは、表面利回りで計算した家賃収入から、管理費などの必要経費を差し引き、その割合を求めるものとなります。

たとえば、1000万円の物件で年100万円の家賃収入があり、かつ必要経費が年20

万円かかるとします。その場合、計算式としては「（1000万円－20万円）÷1000万円」となり、実質利回りは8％になるというわけです。当然、表面利回りよりも低くなります。

ただし、実質利回りだけで投資適格性を判断することもできません。融資の状況や返済額、あるいは物件そのものの状況や周辺環境など、詳細な数字やそれ以外の要素もまた、判断材料となります。賃貸債権のデフォルトリスク、空室リスク、修繕リスクも加味することでより具体的に判断できます。

不動産投資におけるインカムゲインのあり方について理解しつつ、適切に利用することが大切です。

インカムゲインをどう判断するのか

不動産投資をしている人の中には、あえて赤字で不動産を運営している人もいます。そうすることによって、損益通算による節税効果を見越しているためです。

ただし、そういった特殊な事情がない限り、インカムゲインによる安定的な収益はあった方がいいでしょう。なぜなら、月々のローン返済を家賃収入によってまかない、かつ安定的な収益を得られることが不動産投資の目的だからです。

もちろん、ローン返済と家賃収入がトントンであれば、最終的に物件が残るぶん、得をするという発想の人もいるはずです。事実、不動産投資は、不動産という物件を所有することの満足度も計算に入れて行われるべきものです。

しかし、それでも一定のインカムゲインが得られなければ、不動産投資の安全性は損なわれると言えそうです。なぜなら、あらゆるビジネスにおいては「キャッシュフロー」が重要となるためです。

キャッシュフローとは「**お金の流れ**」を指します。つまり、収入と支出がどのようなバランスとなっているのかを測り、その上でビジネスの健全性を見極める指標です。その点、お金の流れが悪くなると、いざというときに対処ができなくなってしまいます。

たとえば、物件の修繕が必要となった場合を考えてみてください。まとまった資金が手元になければ、対応できません。そこで無理にローンを組んでしまうと、それだけで不動産投資全体の収益力が悪化してしまいます。

あるいは、予想よりも多く空室が出てしまった場合はどうでしょうか。満室の状態でシミュレーションしていた場合、空室が出てしまうとローン返済が滞ってしまう可能性もあります。

POINT

- インカムゲインは、売上そのものではなく、経費や税金を除いた収益でとらえる。
- 不動産投資において、インカムゲインは安定性の源泉であり、重要である

04 タイプ別　不動産投資の王道パターン②
キャピタルゲイン

「キャピタルゲイン」とは

次に、不動産投資における「キャピタルゲイン」について見ていきましょう。

キャピタルゲインとは、投資対象が何らかの理由により値上がりしたとき、購入価格に対してプラスになる部分の利益を指します。インカムゲインが運用益なのに対し、キャピタルゲインは物件そのものの価値上昇（売却益）である点に注意してください。

物件を購入すれば、たとえローンが残っていたとしても、その物件は購入者のものとなります。そして、その物件が購入した価格よりも値上がりすれば、当然、保有している資産の総額が高まることになります。そこで売却して得た利益がキャピタルゲインというわけです。

投資におけるキャピタルゲインの代表は、やはり株式投資でしょう。株は、保有することによって配当（インカムゲイン）を得るという旨味もありますが、やはり、売却によって得られる利益を想定するのが一般的です。

不動産の場合であれば、不動産をローンで購入し、ローン返済と必要経費を家賃収入で支払いつつ、ローン返済が終わった段階ではじめて、キャピタルゲインを実感できるかもしれません。ただ本来は、ローンを返済している段階でも、キャピタルゲインが発生していることも多くあります。

不動産のキャピタルゲイン

最近のように不動産価格が安定して推移している状況では、不動産投資によってキャピタルゲインを得るのは難しいのが実情です。場合によっては、建物だけでなく、土地の値段も下がってしまうことがあります。とくに、人口減少により不動産の需要が減少する地方などではあり得ないことではありません。

ただ、そのような状況でも、物件の管理状況によって、物件の価値が高まることがあります。また、今後将来にわたって発展することが予想されるエリアであれば、当然、需要の高まりとともに不動産の価値も上昇します。

あるいは、最近であればリニア中央新幹線や北陸新幹線の新駅が建設されるなど、物件価値を高めるような条件が付加された場合も同様です。物件を「立地」という視点で検討する際には、未来の開発計画や、その土地の将来図なども知っておいた方がいいかもしれません。

また、管理によって物件価値が高まるというのは、「**賃料収入が継続的に拡大、または維持し続ける予測が立つ**」ということに起因します。安定的に入居者を獲得できる物件は、それだけで価値があります。その点、管理の質が問われるのです。

物件によっては、客付けが難しくてインカムゲインが得られなかったけれど、高値で売却できた結果、キャピタルゲインでプラスになったということもあります。ただ、それはあくまでも例外であり、物件の基本的収入はインカムゲインにあると考えた方がいいでしょう。

購入時に交渉によって物件を値下げすることができます。この段階で売却先についても見当がついていれば、短い運用期間でキャピタルゲインを得られることもあり得るのです。もっとも、それはプロだからできるのだということを忘れてはいけません。

インカムゲインとキャピタルゲインのバランス

不動産投資の基本は「**インカムゲインがあるからこそ、キャピタルゲインも得られる**」と考えておけば間違いありません。物件に魅力があるからこそ、高い家賃でも入居者が安定し、さらには物件の価値そのものが高まっていく。それが基本です。

インカムゲインを得られず、またキャピタルゲインもないという物件は、単純に、物件そのものに魅力がないことを意味しています。その物件に魅力がないから入居者がつかないのであり、だからこそ高値で購入しようとする人もいないというわけです。

不動産に限らず、物の値段は需給バランスによって決まっています。需要があれば高くなりますし、需要がなければ安くなる。その原則は基本的に揺らぎません。それは不動産の売買でも賃貸でも同じなのです。

不動産投資に失敗してしまう方は、その原則を見落としていることがあります。たとえインカムゲインを得られなかったとしても、キャピタルゲインがあればいいやと考えてしまい、その結果、どちらも得られないままとなってしまうケースは少なくありません。入居者が得られず、さらに物件の買い手もいないとなると、逃げようがありません。自己破産の危険性が高まります。

その点、とくに投資初心者の方は、インカムゲインとキャピタルゲインのどちらが大事かということではなく、バランスよく得られる物件を探すことです。

POINT

- キャピタルゲインを得るには、物件の価値を高める努力が必要である。
- 「インカムゲインがあるから、キャピタルゲインも得られる」が大原則である。

05

タイプ別 不動産投資の王道パターン③ 老後の資産&相続対策

老後に必要な資金とは

最後に、不動産投資における「老後の資産形成」および「相続対策」について考えていきます。

まずは、老後の資産形成についてです。総務省統計局の「家計調査報告」を見ると、二人世帯の場合、月々の支出（消費支出＋非消費支出）はおおむね25万～30万円ほどであることがわかります。

※「家計調査報告」総務省統計局

http://www.stat.go.jp/data/kakei/npsf.htm

これは、いわゆる「老後」と言われる65歳以降の世帯であっても、大きく変化するわけではありません。つまり、のんびりした老後を過ごしたいのなら、月々30万円ほどの資金を用意しなければならないということになります。

もちろん、日本には「年金制度」があるため、きちんと年金を支払っている方は、その分を年金で得られることになります。ただ、厚生労働省年金局が発表している「厚生年金保険・国民年金事業の概況」によると、平均受給額は、厚生年金で14・7万円、国民年金では5・5万円ほどとなっているのが実情です。

※「厚生年金保険・国民年金事業の概況」厚生労働省年金局
http://www.mhlw.go.jp/file/06-Seisakujouhou-12500000-Nenkinkyoku/H27.pdf

つまり、どの世帯でも少なくとも15万～20万円ほどは月々に不足することになります。月額20万円として考えた場合、65歳の人が95歳まで生きたとしたら、年に240万円、30年で実に7200万円も必要となるのです。

果たして、貯金や退職金によって、それだけの資金を用意することはできるのでしょうか。会社を定年退職した人が、再び働いている現状を踏まえると、その難しさを物語っているように感じざるを得ません。

不動産投資が「年金代わり」と言われるワケ

そこで、不動産投資を実践しようというわけです。不動産投資をすることによって、安定的にインカムゲインを得つつ、さらには借入金を返済後に資産としての不動産を保有していれば、老後のお金についても安心できることになります。

不動産投資が「年金代わり」と言われる理由はそこにあります。安定的に収益を生んでくれるからこそ、まるで年金のように一定の収入を得られ、老後の資金繰りが安定するというわけです。

しかも、不動産投資は直接的な労働ではなく、不労所得となります。そのため、年齢に関わらず運用することができます。

そもそも投資の基本は、いかにリスクを分散できるかにかかっています。

その点、不動産として資産を保有することにより、インフレーションにも耐えられることになるわけです。とくに高額な資産を保有している人は、不動産投資によって実現できるリスク回避が、資産状況の健全化に大きく貢献することになります。

今後、年金はどうなるのかわかりません。事実、定年の年齢は伸び、さらには年金の支給年齢も伸びています。超高齢化社会がさらに進展するにあたり、状況はより悪化する可能性もあります。そのときに、不動産は強い味方になるはずです。

不動産投資は相続税対策の王道

富裕層の人ほど不動産から得られるメリットは多いのですが、それは、「相続税対策」という観点からも同様です。具体的には、持っている資産を現金ではなく、不動産で保有することによって、相続税を節税できます。

たとえば、日本の税制では、相続税を「保有している資産の額」から算出しています。とくに現金や時価で評価される資産を保有していれば、そのすべてが課税評価額となります。

多くの資産を保有している人は、それだけ税金を取られてしまいます。

しかし、現金を不動産に変えた場合はどうでしょうか。その場合、おおよそ不動産の「固定資産税評価額」が課税対象として評価されます。郊外の不動産では30%程度、都市部の不動産では60%程度が評価減されるケースが多いように感じます。賃貸割合や小規模宅地等の特例などいろいろな変数はありますが、かなりの節税効果が期待できます。

いずれにしても、不動産投資によって収益を得ながら相続税も抑えられるなら、資産状況に応じて、不動産投資に取り組んだ方が得策であるのは明らかです。不動産の購入は相続税対策の基本ではありますが、不動産投資をするにあたり、改めてチェックしてみるといいでしょう。

POINT

- 不動産投資は、老後の生活を賄う年金の代わりとなるのが魅力の1つである。
- 不動産を持つことは、収入増加だけでなく、相続税対策としても有効である。

Chapter
3

不動産投資を取り巻くリスクとリターン

01

相場は上下をくり返す

上がり続ける投資商品はない

不動産はもちろん、株や外国為替（ＦＸ）、最近であれば仮想通貨などもそうですが、あらゆる投資において、その価値が上がり続けるというものはありません。歴史を見れば明らかなように、どんなに上がっているものもいずれは下落するのが相場です。

過去、いくつも発生してきたバブルを思い出してみてください。いずれの場合でも、上がり続けてきたものが、どこかのタイミングで下がっています。経済の状況を考えてみても同様です。経済というのは、やはり循環するものと考えた方が自然です。私は大学時代にコンドラチェフというロシアの経済学者について学び、そこで得た彼の提唱する景気循環が私の景気に対する考え方の一部分となっています。

そもそもバブルの歴史は、1637年にオランダで起きた「チューリップ・バブル」に端を発しているとされています。当時のオランダでは、富裕層を中心とした植物愛好家をはじめ、チューリップの球根が高値で売買されていました。

そのような背景から、チューリップの値上がりに期待した人々が参入し、価格が高騰します。やがて一般投資家だけでなく、職人や農民までもがチューリップに投資した結果、行き過ぎた価格高騰が限度を超え、買い手がつかなくなってしまいます。

買い手がいなくなるとどうなるか。とくに、先物取引によって元手を超える投資をしていた人は、多額の借金を背負うことになります。その結果、債務者が急増し、バブルがはじけるというわけです。

現代では、チューリップに多額の投資をするなど考えられないでしょう。ただ、当時はたしかに価格が上がっていたのです。そして、その価格はいつまでも上がり続けると思われていました。だからこそ、熱狂的な投資が行われていたのです。

バブルを引き起こした金融機関の怖さ

不動産に関するバブルと言えば、やはり1980年代後半に日本で発生した「平成バブル」と、2008年にアメリカで起きた「リーマン・ショック」が挙げられます。いずれも、金融機関による貸しはがし、貸し渋りがバブル崩壊に関係しています。

平成バブルの中心は株や不動産と聞いています。私は経験していませんが、地価が異常な伸びを記録し、当時は「山手線内側の土地でアメリカ全土が買える」とまで言われていたようです。バブル経験者に聞くと、「不動産が値下がりするはずはない」と誰もが考えていたようです。また節税用に活用されている逓増定期保険なども融資で購入できたようで、何でも融資が出ていたと諸先輩方から伺っています。

そのときに言われていたのは、いわゆる「土地神話」です。土地神話とは「購入した不動産は必ず値上がりする」という、まさに神話のような状況を指します。土地は売却しなくても、他の金融機関が査定し直して、借り換え時に借り増しさせてくれるという状況でした。しかし、そんなことは続きません。そして実際、バブルは崩壊したのです。

アメリカで起きたリーマン・ショックについても、状況は似ています。そもそもリーマン・ショックの原因となったのは、「サブプライム・ローン」です。サブプライム・ローンとは、信用力の低い低所得者向けのローンのことです。

この2つから見ても、金融環境の大幅な緩和から始まり、金融機関の急激な貸しはがしがバブルを引き起こした一番の理由です。

2018年現在、金融緩和として政府及び日銀が躍起になっていますが、今年になって各金融機関が不動産融資の貸出しを絞っています。これは不動産バブルを起こさせないための施策として有効だと思います。このまま順調に東京オリンピックまで景気が上昇するのではないでしょうか。

あなどれない「家賃下落率」

このように、ときに不動産はバブル景気を象徴するものとなりました。ただ、あらゆる投資商品において、価値が上がり続けるということはありません。過去から学び、そのことをきちんと認識していれば、バブルは回避できたのかもしれません。ですが、全員が回避できないのがバブルであり景気なのです。

不動産投資を実践するにあたり、このような過去の実情を踏まえた学びを得ていない人が失敗してしまうのも無理はありません。物事には原理原則があります。価格が上昇し続けるものはない。それは不動産とて例外ではないのです。

たとえば、不動産投資で重要な指標に「**家賃下落率**」があります。これは、対象不動産が年数を経ることによって劣化し、または競合物件の新築により相対的価値が下がるために家賃もまた下落することを意味しています。この指標は、物件の購入時に必ずチェックしなければなりません。

しかし、実際には、この家賃下落率を考慮に入れず、シミュレーションをしている人は少なくありません。その結果、物件を購入してから数年は収益が得られたとしても、やがて収益が下落し、最終的には赤字に転落してしまう場合があるのです。

不動産の価値は一定ではなく、上がることもあれば下がることもある。そして、家賃もまた下がる可能性がある。そのことをあらかじめ認識していれば、家賃下落率を考慮に入れないなど、あり得ないことです。

ただし、オフィスビルなどの事業用不動産については、物件によっては賃料の上昇率が年20%を超えることもあるので、家賃下落率だけではシミュレーションが出せない場合もあります。その見極めは、相場を知ることもそうですし、あるいは経済について勉強することによって、個々人が判断しなければなりません。流動的であることは間違いないのです。

POINT

- 永遠に上がり続ける投資商品はない。それは過去の歴史が証明している。
- 不動産投資において「家賃下落率」は見落とされがちだが重要な指標である。

02

なぜ「家賃下落率」が重要なのか

さまざまな指標から見る不動産投資

過去30年間のデータを見た場合、投資に関連するあらゆる指標が循環していることがわかります。

たとえば、日経平均のデータでも、長期プライムレート（民間金融機関の企業に対する最優遇貸出金利）でも、状況は似ています。やはり上がり続けることもなければ、下がり続けることもありません。それが原則です。

では、どのぐらいの周期で循環しているのでしょうか。見方によって判断は分かれますが、私は10年が1つの指標になるのではないかと考えています。10年というのは、設備投資が必要になる目安にもなります。15年と習った方もいらっしゃると思いますが、近年の産業にイノベーションのスピードを考えれば10年でも長いくらいではないでしょうか。

もし10年を指標とするのであれば、おおよそ15年ほどを1つの周期としてとらえ、シミュレーションをしていくことになります。たとえば、「どこで買い」「どこまで保有し」「どこで売るのか」について、15年単位で考えていくのです。

そこで、この際に家賃の下落率を何%入れるかが大切です。せっかく市場の循環を考慮してシミュレーションしているのにも関わらず、下落する家賃について考えが浅ければ、そのシミュレーションでは不十分な計算しかできません。

ご存知ですか。家賃下落率が1%から2%になるだけで、10年間の収益は半分になったりするのです。それなのに、家賃が何年でどのくらい下落するのかを考えないのはあり得ません。そのことは「何%の金利で融資を受けるのか」より重要なことです。

一般的に、金利の重要性については、いろんな書籍でも取り上げられているので強く認識されているように感じます。ですが、家賃下落率に焦点を当てた書籍はあまり見たことがありません。

家賃が変化する要因とその考え方

では、家賃下落率はどのように考えればいいのでしょうか。ポイントは、やはり**相場観を養う**ことにあります。

たとえば、都市部の場合、駅から近い物件であれば、経年による家賃の下落率は低く抑えられる可能性があります。都市部では駅近物件が好まれる傾向にあり、年を経ても、一定の需要が見込まれるためです。つまり、家賃が高くても入居者を確保できるということです。

ただ、その場合であっても、ライバル物件があまりに多すぎると条件が変わります。いくら需要があっても、供給の方が多ければ、やはり家賃などの条件を下げざるを得なくなるためです。そのように、需要と供給のバランスから、相場のあり方も見えてきます。

そのように相場から考えていくと、家賃の下落率を予測することは可能です。購入を検討している物件の近隣状況を見て、どのくらい家賃が下落しているのかを見るだけでも、おおよその方向性は見えてくるはずです。

あとは、賃料および家賃下落率を加味した上で、シミュレーションに組み込んでいくことです。そうすれば、より正確なシミュレーションが可能となります。一手間かかるのですが、その分、大きなリスクを回避することが可能となるのです。

しかし、入居者が入れ替わった想定賃料や15年のシミュレーションまでしている人は、実際にはかなり少ないと感じています。とくに新築で販売しているアパート・マンションなどは、多くの投資家は家賃の下落率を考慮に入れていないか、かなり甘く見積もっています。その結果、短期的にはよくても、中長期的にはズレが生じて取り返しのつかないことになってしまうのです。

シミュレーションでリスクを見積もる

本来、シミュレーションとは、不動産投資におけるリスクをあらかじめ見積もるためにあります。家賃の下落率を正確に測れないのであれば、1％落とした場合と2％落とした場合、それぞれの結果を算出しておけばいいのです。その上で投資の適格性を判断します。少

状況に応じて、より厳しい視点から見たシミュレーションもしておくといいでしょう。少

し悲観的に見るぐらいがちょうどいいかもしれません。何より、不動産投資はディフェンシブな投資です。リスクは少ない方がいいのです。

安易に物件を購入してしまい、「埋まらなければ家賃を下げればいい」と考えるのは、失敗の元になります。一度下げてしまった家賃は、そう簡単に元に戻せません。その結果、どんどん収益状況が悪化してしまうことになり兼ねません。

最近では、購入した物件をデザイナーズマンションとして室内を作り直すなどの手法もとられているようですが、それはあくまでもプロの業者だからこそできることです。基本的に、リスクを回避できるのは、やはり経験によるところが大きいのです。

市況や現況に反して、家賃の下落率を止めるのは難しいのが実情です。それができる条件は限られていますし、場合によっては再投資が必要になるケースも少なくありません。そこまでできる体力があればいいのですが、個人の方にはやはり難しいでしょう。

そうであれば、最初の段階から可能な限りのリスクを見積もっておき、石橋を叩いて渡るぐらいがちょうどいいのです。1棟目で失敗してしまえば、その後の投資も難しくなります。リスクを見つけるために、シミュレーションとリサーチを重ねましょう。

POINT

・不動産投資は10年を1つの指標として各種シミュレーションを行うべきである。
・シミュレーションの目的は、不動産投資のリスクを事前に見積もることである。

03

不動産投資における判断力の源泉

シミュレーションの質とスピード

不動産投資におけるシミュレーションの重要性については、これまで述べてきたとおりです。きちんとシミュレーションをしておかないと、想定されるリスクが見えてこないため、結果的に失敗の可能性が高くなってしまいます。

その点、表計算ソフトを使いこなせない人は、不動産投資をはじめる前に使い方を学んでおいた方がいいかもしれません。表計算ソフトの使い方を学ぶことが、結果的に数字に対する意識を高め、シミュレーションの質を向上させる可能性があります。

シミュレーションをくり返していくと、やがて、おおよその収益を暗算できるようになります。そうすれば、マイソクを見るだけでパッと判断することができ、意思決定のスピードが上がります。その結果、より良い物件に出会いやすくなるのです。

不動産投資に必要なのは、正確なシミュレーションとともに、スピード感のある判断力です。より良い物件に出会い、他者よりもいち早く購入するためには、的確で素早い判断が不可欠だからです。

投資の世界は、競争原理が働いています。どれだけ正確に計算ができたとしても、実際にその物件が誰かに購入されてしまえば意味がありません。だからこそ、計算力とともに、スピード感のある判断力を養うことが大切です。

もちろん、経験を重ねるにしたがい、スピード感は自然と身につきます。競争が激しいとは言っても、無数にある物件でバッティングする可能性も限定的です。その点、正確性とスピード感をどちらもバランスよく身につけておくことが求められます。

あらゆる状況を想定した判断力を

不動産投資の勝率を高めるには、幅広いシーンを想定できるようにしておくと便利です。

たとえば、リフォームやリノベーションなど、既存の物件に手を加えることによって、採算がとれにくい物件でも勝負することが可能となります。

そもそもリフォームとは、古くなった建物を修復したり、設備や内装、あるいは間取りを変更したりすることによって、物件の価値をよみがえらせる手法のことです。費用はかかるものの、入居者に好印象を与えられるため、入居率の向上を期待できます。

一方、リノベーションの概念も似ています。リノベーションとは、その建物ならではの良さを活かしつつ、新築時よりもさらに魅力的な物件をつくりあげることを指します。近年では、中古マンションを購入し、リノベーションして販売している業者もあります。

このように、リフォームやリノベーションという手法も検討できるのであれば、物件選びの幅はより広がります。そのぶん、物件選びが楽になると言ってもいいでしょう。投資対象が広がれば、チャンスもまた多くなるわけです。

ただし、リフォームやリノベーションには、それなりの資金と技術的な知識や経験が必要です。資金が必要になるというのは、リフォーム工事は物件の融資に含めることができないためです。

もちろん、すでにまとまった資金があり、そこから不動産投資に着手するのであれば、当初からリフォームやリノベーションも視野に入ることになります。ただ、前でも述べたように、施工業者の見極め、工事仕様と費用対効果の検証など、プロ程度の見識が求められることは言うまでもありません。

POINT

・不動産投資において、スピード感のある判断力は物件購入などで必要なスキル。
・判断力を磨くには、あらゆる状況をすばやくイメージできるようになること。

04

不動産投資に潜むリスク

不動産投資のリスクとは

不動産投資にはさまざまなリスクが潜んでいます。シミュレーションを経て、そのようなリスクを1つひとつ潰していくことが、不動産投資の成功確率を高めることにつながります。ここでは、そんな不動産のリスクについてみていきましょう。

まず、想定される代表的なリスクについて概観してみましょう。次のようなものが挙げられます。

●家賃の下落

- 空室の増加
- 建物の経年劣化
- 地震による倒壊
- 事件、事故
- 物件の瑕疵
- 債務不履行
- 契約上のトラブル（家賃保証など）

家賃の下落については、前述の通り、周辺相場やエリアの将来性、あるいは物件の築年数から、家賃がどのくらい下落するのかを予測し、きちんとシミュレーションに盛り込んでおくことが大切です。

空室の増加についても同様です。ライバル物件の出現や市場の大きな変化など、予測できないこともありますが、少なくとも、相場を元にした厳しい条件においてシミュレーションをしておくべきでしょう。当然、入居促進策については対象物件の近隣業者へのヒアリングは実施しているものとします。空室の増減は、不動産投資の成否を大きく分けるポイントとなります。空室の減少施策として入居期間の延長という方法もあります。あるオーナーはファミリータイプの物件に年末に食品をプレゼントしたり、長期間の入居者へプレゼントをしていました。私の経験では物件の清掃状況、日当たり、通風が揃っている場合は同様物件と比較して1・5倍程度の入居期間になっています。

建物の劣化については修繕が必要になります。割と修繕しないオーナーもいますが、賃貸業がサービス業であることを考えると、オーナーの役割を果たしていないと思います。また、修繕しすぎるオーナーは原価率の高い店のようなもので、非常に利益が圧迫されて経営が難しくなります。

修繕については不動産の投資と同様にコストとリターンのバランス感覚が非常に重要です。たとえば、入居の回転率の高いワンルームのリフォームでは、床材を柔らかい素材の「クッションフロア」から「フロアタイル」という固い床材に変えることで、毎回の床の貼り替え作業を削減し、かつ見栄えが良く入居が促進できるという効果があります。新素材や新工法でコストパフォーマンスが激変することがあるので、リフォームの展示会などで情報収集や研究をされることを推奨します。

また、とくに日本の場合、地震や津波による物件の倒壊や損傷を意識しておくべきです。

対策としては、1981年6月以降に建てられた「新耐震基準」の物件を選んだり、あるいは地震保険に加入したりするなど、可能な限り地震リスクに備えておくことです。

事故や事件により、物件がいわゆる「事故物件」化してしまうのもリスクです。それらのトラブルは予期できないこともあり、対処は難しいのが実情です。ただ、連鎖退去を防ぐために入居者のフォローアップをするなど、方法がないわけではありません。

物件に何らかの瑕疵《かし》があった場合はどうでしょうか。もし、欠陥があることを知らずに物件を購入してしまった場合、売主にそれを修繕する（あるいは修繕費を支出する）義務があります。これを「瑕疵担保責任」と言います。民法の規定では、買主が瑕疵を知ったときから1年以内は売主が責任を負うとされています（民法第570条）が、不動産投資の常識では瑕疵担保責任無しでの売買となっています。ただし、売主が宅建業者の場合は宅建業法上2年の瑕疵担保責任が課せられています。あまり知らない方もいますが、この場合、瑕疵担保責任免責と謳った契約を締結しても売主の宅建業者の主張は無効です。

その他、想定したより得られる家賃収入が少なく、ローン返済が滞ってしまうこともあります。場合によっては債務不履行の状態になってしまう可能性もあるでしょう。そのような場合には、まず物件の売却を検討します。その段階でローン残高を税金を含めて相殺できれば、物件を売却することが精神衛生上一番良い方法です。

あとは、契約上のトラブルもリスクとなり得ます。とくに不動産投資において多いのは、家賃保証（いわゆる「サブリース」）に関するものです。家賃保証は空室リスクを回避できるように思えますが、実際にはトラブルの元にもなっています。

不動産投資とサブリース問題

改めて、不動産投資におけるサブリース問題にフォーカスしてみましょう。

そもそもサブリースとは「転貸」や「又貸し」のことです。不動産投資家が最も恐れる空室のリスクを、サブリース会社が転貸契約を結ぶことで補償する。それがいわゆるサブリース契約となります。

一見すると、サブリースは不動産投資家の味方であるように思えます。たしかに、不安定な家賃収入を安定的な収益へと変えてくれるのなら、それほど心強いことはありません。ただ、サブリース会社との契約には、落とし穴もあるのです。

そもそもサブリース会社は、事業としてサブリース契約を結んでいます。つまり、サブリースをしても儲かるような仕組みがあるからこそ、そのような契約を締結していることになります。そこにはビジネスを成立させるカラクリがあるわけです。

一般的には、アパートやマンションの建築費用の価格をサブリース契約に転嫁してセットで提供していたり、サブリース費用を売買代金に上乗せしていたり、あるいは長期契約と声高らかにアピールしているが、それは基本契約だけで賃料条件は2年ごとの見直しのために10年も経たないうちに家賃保証額が融資の返済額を下回るなど、契約内容にちょっとしたワナが仕掛けられています。それが結果的に、不動産投資家を苦しめることになるのです。

たとえば、サブリース契約の多くは、修繕やリフォームを行う際には、そのサブリース会社を通すような契約となっています。当然、ここにはサブリース会社の利益も乗せられているはずです。

あるいは、サブリース会社から支払われる賃料が、一方的に減額される場合もあります。本来、保証された家賃がサブリース会社の都合によって減額されてしまう。そうなると、投資計画にも大きな支障をきたしてしまうでしょう。

このように、サブリース契約の裏側には、トラブルの種が隠されていることも少なくないのです。ですが、不動産の相続税評価を下げるために賃貸割合１００％が欲しい資産家はサブリースを選択してしまうのです。

POINT

・不動産投資には様々なリスクがあり、それらを1つずつ潰すことが成功への道。
・サブリースは一見いいこと尽くめの制度だが、その裏に潜むリスクも熟知すべき。

05

不動産投資で勝つための条件

物件の選別で差をつける

不動産で勝つための条件を1つだけ挙げるとすれば、それはやはり「**物件の選別**」に尽きます。物件を正しく選別し、適切なタイミングで購入することができれば、不動産投資の5割は成功したと言っても過言ではありません。

それだけ、不動産投資において物件の選別は重要です。そして、それだけに難しいと言えるでしょう。なぜなら、購入するべき不動産を判断する指標には、実にさまざまなものがあるためです。ここで、その一例を挙げてみましょう。

- エリア（駅、駅からの距離）
- 構造、築年数
- 物件種別、用途
- 土地、建物の広さ（積算評価）
- 間取り（賃料の妥当性と再現性の確認）、入居率、利回り
- 入居者属性
- 入れ替わり後の満室想定賃料
- 前面道路種類、幅員（道路幅のこと）
- 区域区分、用途地域、都市計画
- 相場
- 金融機関の得意不得意・建物の劣化状況、管理状況

そのエリアがどのような特徴を持っているのかによって、不動産の価値も変わってきます。都市部か地方かはもちろん、都市部であっても繁華街なのか郊外に近いのか、地方であっても中心地なのかそうではないのかなど、判断材料はさまざまです。

築年数、広さ、間取りなどは、賃貸物件を探すときと同様に、物件の良し悪しを判断する重要な指標となります。エリアの特性と合わせて、最適化されているかどうかを見極めることが大切です。たとえば、学生街であればワンルームの方が求められる、などです。

価格と相場については、賃貸価格と物件価格を相場から把握し、どのくらいの価格で購入できればどのくらいのリターンを得られるのかをシミュレーションします。不動産は交渉の余地があるため、価格と相場によるシミュレーションは最重要です。土地価格を算出するには前面道路の種類と道路幅員は必ず確認します。投資用不動産の立地する都市部の土地の価格は賃料相場と容積率から逆算されます。詳しくは今後開講予定の不動産投資リテラシーの講座で解説しますが、道路幅が４ｍから６ｍになれば土地価格が倍になるケースもあります。

また、近隣の競合物件の調査を行っておくべきでしょう。特に投資対象物件と同様の間取りの物件は必ずリサーチするようにします。調べる目的は対象物件の3年後、5年後、10年後、15年後の賃料の推移を正確にシミュレーションするためです。そして現在の入居家賃の相場をリサーチし、満室時に賃料総額を上げることができるかを確かめます。

金融機関の得意、不得意で物件価格が変わる場合も良くあります。最近ではある地銀が新耐震以降であればS造も築年数50年融資するため、RC造よりS造の方が返済比率が低くなるという現象が起きています。特に築25年以上経過したS造の相場が2倍近く上がったケースもあります。このように、物件評価方法、融資への取り組み姿勢など、金融機関の固有の物件評価によって不動産の価格が変化しています。

法定耐用年数が経過した不動産の末路

物件の選別にあたり、不動産の経年劣化についてより掘り下げて考えてみましょう。

たとえば、耐用年数22年の木造新築アパートを、35年ローンで購入したとします。その段階で、やがて赤字になるであろうことが想定できてしまいます。

そこまで極端な事例でなくとも、たとえば、返済比率が家賃の6割であった場合、家賃が40％下落してしまえば、その段階で入居率が１００％でも返済できなくなってしまいます。このあたりについては、瞬時に判断できるようにしなければなりません。

しかし、実際には、そうした計算がすぐにできないために、正しい判断をできていない人が少なくありません。不動産業者は、必ずしもそうした説明を詳細にしてくれるとは限らないのです。その点、自ら判断できるようにしておくべきでしょう。

基本的な事項を網羅していても、わずかな計算のミスによって足元をすくわれる可能性は無きにしもあらずです。大まかな計算はできても、詳細な計算が苦手だという人は、改めて不動産投資に必要な計算力を身につけておいた方が得策です。

少なくとも、購入した瞬間から価格が下がってしまうのが明らかな物件は、極力避けたほうがいいでしょう。一般的な新築物件は、建設会社や販売会社の利益が上乗せされているため、それが当然とされています。

ただ、投資用の不動産を購入し、そこから利益を得たいのであれば、シミュレーションによってきちんと収益が得られる物件を見極めることです。実際、収益も得られず、売却しても赤字になってしまう物件を保有している人は、一定数存在しているのですから。

「ババ抜き」にたとえられる不動産投資の真理

不動産投資の絶対的な真理として、「**安く買って高く売るべし**」ということは、すべての投資家が認識していることだと思います。ただ、物件にはいろいろなものがあり、それぞれの要素が複雑に絡んだ結果、その原則が見えにくくなっているのが実情です。

不動産投資はよくトランプゲームの「**ババ抜き**」にたとえられます。ご存知の通り、ババ抜きは最後までババを持っていた人が負けとなります。ただ、それがわかっていても、誰かが必ずババをつかむことになるわけです。

その点、不動産投資も似ています。どんな劣悪な物件でも、最後には誰かがつかむことになります。不動産投資をしている人は、プロもセミプロも、中級者も初心者も、そうした不動産投資の原則の中にいるわけです。

もし、不動産投資のプロが、これから不動産投資をはじめる初心者に対し、そっとそのババを手渡したらどうなるでしょうか。しかも、それとなく「この物件がいいんじゃないかな」と言葉を添えて。きっと、その物件は、初心者投資家のものとなるでしょう。

ただ、実際に購入してみたのはいいものの、思うような収益を得られず、さらには価格が上がることもなさそうです。結果的に売却しようと思っても、もはや誰も買い手はいない。最終的には、負けを認めて損切りするしかありません。

それもまた不動産投資の経験と言えばそれまでですが、もし、そこで背負った負債が、再起不能に陥るまでの額であったらどうでしょう。もはや立ち直ることはできません。ここに不動産投資で勝つための条件が隠されていることは、〝言わずもがな〟なのです。

続く第4章では、実際の物件事例を通して、どのような点に着目して購入する物件を精査するのか、その〝視点〟について学んでいきましょう。

いずれも、過去、実際に私が売買に関わった物件です（内容を一部、改変しています）。それぞれの事例から、見るべきポイントやシミュレーションの方法について、疑似体験してみてください。

POINT

・物件選びのポイントは、その物件で収益を得られるかどうか見極められること。
・正確かつスピーディな計算能力は、不動産投資では不可欠なスキルである。

Chapter 4

プロはこう見る！ 選球眼を養うための事例集

01 【事例①】物件A（仮）

物件概要

東京都板橋区にあるこちらの物件は、駅から徒歩12分という条件としては普通の物件でした。間取りおよび部屋数としては、１ＤＫが６戸。掲載していた当時の価格は８８８０万円。私は、こちらの物件を最終的には８３００万円で売却しました（指値５８０万円）。実際に購入したのは２０１７年の10月。そして、売却したのは翌11月です。つまり、当初からインカムゲインを狙いにいくのではなく、キャピタルゲインを狙いにいった物件となります。

では、どこが購入のポイントだったのでしょうか。

物件名	物件A(仮)
価　格	88,800,000円(税込)

種　別	収益マンション					
所在地	東京都板橋区					
地　番	東京都板橋区					
交　通	東京メトロ○○線□□駅徒歩12分					
土　地	公　簿	125 ㎡ 約 37.81 坪	地目	宅地		
	実　測	127.92 ㎡ 約 38.69 坪	権利	所有権		
	私道負担含む	127.92 ㎡ 約 38.69 坪	現況	建付地		
建　物	構　造	鉄筋コンクリート造3階建				
	延面積	219.39 ㎡ 約 66.37 坪	種類	共同住宅		
	築年数	平成9年4月　新築	現況	賃貸中		
道　路	北　側　公道　幅員約　4　mに約　9.5　m接道					
	東　側　公道　幅員約　3　mに約　13.7　m接道					
	側　公道　幅員約　mに約　m接道					
公法規制	区域区分	市街化区域	建蔽率	60%		
	用途地域	第1種中高層住居専用地域	容積率	160%		
	他規制	△△地区地区計画、新防火規制、敷地最低限(60㎡)、日影				
引き渡し	相談					
年　収	現状収入	5,616,000	表面利回り	6.32%		
	満室収入	5,616,000	表面利回り	6.32%		
設　備	電気・都市ガス・公営水道・公共下水					
備　考	●1DK×6戸(満室稼働中) ●登記面積には共用部分面積が含まれています。 ●検査済証無し					
取引態様	売主					

物件のポイント

まず、購入に際しては近隣の賃貸相場をチェックしました。すると、相場と比較して、条件が優れていることがわかったのです。入居者が入れ替わった際の想定賃料が上振れもしくは維持できることがわかりました。加えて、広めの1DKでありながら、現状満室稼働。つまり、それだけ入居者に人気がある物件だったというわけです。

ただし、1つだけ問題がありました。資料を見るとわかりますが、備考の欄に「検査済証無し」という記載がありました。要するに「この物件は検査済証がない」という条件で販売されていたのです。

検査済証とは、「建築物およびその敷地が建築基準関連規定に適合している」ことを証明する文書のことです。建築基準法第7条第5項に定められているもので、これがあるからこそ、当該建築の健全性が証明されています。

この検査済証がないと、金融機関から融資を受ける際、ネックになることが少なくありません。とくに、金利が低い優良な金融機関ほど、検査済証がないために融資をしてくれません。端的に言えば、違法建築の可能性があるからです。

ただ、現実には検査済証がない物件は数多く存在しています。普通であれば、「検査済証がないのなら融資が厳しいだろう。この物件をこの価格で購入するのはやめておこう」と考えるわけですが、こういった物件に、チャンスがあることもあるのです。

本当に「容積率オーバー」なのか

この物件を見たとき、私は信用金庫か信用組合に融資をお願いすることになるだろうと予想していました。大手の銀行が難しい以上、そういったところから融資をしてもらう必要があるためです。都銀や地銀の借入金利は0・5%から1・5%、信用金庫や信用組合の借入金利は2・0%から3・5%なので、シミュレーションしてみたら、より安く買わないと収支バランスが悪くなる物件でした。

そして、登記簿上、容積率オーバーの可能性があったのです。資料を見てください。建物の延面積は219・39㎡となっています。容積率は160%です。容積率とは、建物の延面積の敷地面積に対する割合のことです。ということは、本来、この物件は137・1

1875㎡の土地が必要になるということになります。

しかし、実際には、公簿で125㎡しかありません。現状では登記簿上、容積率オーバーになってしまいます。

そこで、実際には、住居系の容積率に関して、「内廊下を容積対象面積から外せる」というルールを本物件に適用してみました。かつては内廊下も容積率の対象だったのですが、建築基準法の改正により、内廊下は外して計算していいことになったのです。

その点に着目し、図面から内廊下を調べて計算してみると、登記簿上、容積率の範囲内であることが判明します。そうなると、容積オーバーではないため、幅広い金融機関からの融資もクリアできることがわかりました。

この資料を見ると、「登記面積には共有部分面積が含まれています」と記載しています。一般的なマイソクにはここまで丁寧に書かれていませんが、このような記載がなくても「内廊下を除外すれば容積率オーバーにはならないかもしれない」とイメージできることが大切です。

少なくとも、資料から瞬時に容積率オーバーの疑いを判断できるようにならなければなりません。本来の容積率の計算方法ではありませんが、建築の知識のあまりない金融機関は容積率の上限を簡易的に「土地の面積×容積率＝延面積」という計算で算出しています。この計算式自体は難しくないので、ぜひ意識してみてください。

本事例から学べること

- 「検査済証がない」物件は安く買えるチャンスがある
- 容積率オーバーの物件は、高い金利でしか融資を受けられず、敬遠されやすい
- 内廊下は容積率の計算から外すことができる（ただし、事業系はこの緩和はなし）
- 登記簿上から簡易に容積率を計算できるようにしておくべし

02

【事例②】物件B（仮）

物件概要

大阪府摂津市にあるこちらの物件は、駅から徒歩6分。資料での価格は3・8億円となっていますが、実際の売買価格は3・7億円です。3LDKのファミリータイプで総戸数は28戸。そのうち、空室は資料で4戸、実際に現地内覧すると9戸空いている状態でした。

このような物件を見つけたとき、まず考えなければならないのは「なぜこんなに空室があるのだろう」ということです。そこに、物件を購入するためのキーポイントが隠されている可能性があります。

物件概要書

名称	物件B(仮)
価格	380,000,000円
種別	売買(収益マンション)
所在地	住居表示:摂津市
	地番表示:摂津市
交通	阪急電鉄　○○線□□駅徒歩約6分
土地	1,392.53㎡(421.24坪)
道路	北側　約4m
地目	宅地
権利	所有権
用途地域	第2種中高層住居専用地域　建蔽率60%・容積率200%
その他規制	準防火地域、高度地区(2種)
建物	構造:鉄筋コンクリート造　ルーフィング葺　5階建
	種類:共同住宅・車庫
	新築年月:平成8年4月15日
	総戸数:住戸28戸(3LDKタイプ)
	利用状況:賃貸中(空室4戸)
	延床面積:2,181.80㎡(659.99坪)
	検査済証あり
備考	収入(現況)　26,541,600円/年(賃料その他込)　表面利回り6.98%
	収入(満室想定)　31,125,600円/年(賃料その他込)　表面利回り8.19%
	固定資産税評価額　土地113,685,552円、建物121,798,849円
	固都税(年額)土地建物合計　2,437,498円
	現状有姿
	詳細は要CA

取引形態	仲介

空室の理由

空室がある理由にはいくつかの種類があります。そのうち、不動産投資の対象としてチャンスになりやすいのは、「**管理に問題がある**」というものです。もし、物件の管理に何らかの問題があるのであれば、そこを改善することで優良物件に変えられるためです。

また、空室が多い物件というのは、物件の価格も低くなりがちです。つまり、**安く購入できる**可能性があるのです。実際に調べて見ると、空室の原因として、次のような問題があることが判明しました。

●管理が行き届いていない（清掃、建物修繕がなされていない）
●空室のリフォームができていない（募集がスムーズに行えていない）
●営業活動ができていない
●募集家賃が近隣より低いにも関わらず、入居者がついていない（斡旋業者に渡す手数料が少ない）

つまり、管理会社に問題があったということです。優良な管理会社であれば、入居者に対して好印象を与えられる管理を行ったり、あるいは入居のための営業活動もきちんと行ったりしてくれます。また、リフォームの提案についても同様です。

その点、この物件は満室を目指せる可能性があるということです。さらに調べてみると、物件そのものの賃貸需要は十分にあり、さらには2路線の利用が可能など、むしろポテンシャルは高いことがわかったのです。

加えて、隣駅では大規模な再開発が行われていました。その波及効果として、賃貸需要の増加や賃料の上昇、物件価格（売却価格）の向上も期待できます。このような要素をふまえて、空室が多いことによる融資やリフォーム代を自己資金で注入するハードルを越えてでも投資できると考えたのです。

空室が多いことがチャンスにもなる

もし、家賃収入できちんとローン返済ができるのであれば、あとは空室の改善によって収益率が高まる可能性があります。事実、需要があることは事前調査で明らかになっていました。

このように、空室がある物件は、「**なぜ空室があるのか**」について考えること。そして、「**この空室をカバーできるような要素があるか**」と検討してみることが大切です。空室があるということは、購入価格についても交渉の余地は十分にあります。

空室が多い物件を安く購入し、その後、管理体制を改善するなどによって満室になれば、インカムゲインもキャピタルゲインも稼ぐことが可能となります。その点、「空室が多いから」と敬遠してしまうと、大きなチャンスを逃すことになり兼ねません。

こちらの物件の場合、予想通り、管理体制に問題がありました。端的に言えば、管理がずさんだったのです。たとえば、物件の掃除が行き届いていなかったり、雨が降ると共用部分が水浸しになっていたりなど、管理上の不備が散見されました。

そこで、物件を購入した後は、管理会社を変えています。そうすることによって、物件の管理状況を改善することができました。また、賃料条件についても検討し、広告宣伝費もきちんと投資するなど、必要な施策を行っています。

立地条件がそれほど悪くない物件において、空室が目立つということは、管理に問題がある可能性があります。本事例のように、管理体制を改善することによって、物件を安く購入しつつ空室率を改善できる可能性があります。

大切なのは、**物件情報を見たときに、そのようなシミュレーションを頭の中でできるようにしておく**ことです。物件をより良くするイメージができていないと、その物件を購入するべきかがわかりません。経験を積み、選球眼を養うようにしましょう。

本事例から学べること

- 空室が多いのには理由がある
- 空室の有無が物件の価値（価格）を決める
- 管理体制に空室の理由があることも
- 物件の最終形をイメージしてふくらませるべし

03

【事例③】物件C（仮）

物件概要

奈良県天理市にあるこちらの物件は、近隣の駅から徒歩1分。すぐ目の前にありました。ただ、単線の駅ということもあり、電車の本数は1時間に1本。需給バランスを把握するには難しい物件でした。

間取りは1Kタイプのものが20戸。バス・トイレは別となっていますが、単身世帯向けが中心です。当社の専任物件で価格は1億５００万円です。

物件名	物件C(仮)
価　格	105,000,000円(税込)

種　別	収益マンション			
所在地	奈良県天理市			
地　番	奈良県天理市			
交　通	JR○○線　□□駅　徒歩1分			
土　地	公　簿	328.34 ㎡ 約　99.32 坪	地目	宅地
	実　測	㎡ 約　坪	権利	所有権
	私道負担含む	㎡ 約　坪	現況	建付地
建　物	構　造	鉄筋コンクリート造亜鉛メッキ鋼板葺5階建		
	延面積	554.40 ㎡ 約 167.71 坪	種類	共同住宅
	築年数	平成8年3月15日　新築	現況	賃貸中
道　路	西　側　公道　幅員 約 5.2~6.5 m に約 16.27 m接道			
	側　道　幅員 約　m に約　m接道			
	側　道　幅員 約　m に約　m接道			
公法規制	区域区分	市街化区域	建蔽率	80%
	用途地域	近隣商業地域	容積率	200%
	他規制	準防火規制、風致地区		
引き渡し	相談			
年　収	現状収入	9,054,000	表面利回り	8.62%
	満室収入	9,054,000	表面利回り	8.62%
設　備	電気・プロパンガス・公営水道(飲用水)・浄化槽(汚水、雑排水)・側溝(雨水)EV・オートロック・インターフォン・駐輪場			
備　考	●1K×20戸(バス・トイレ別) ●検査済証あり			
取引態様	売主			

物件のポイント

結論から言うと、この物件は2年前に8550万円で購入してもらい、1億5００万円で売却することができました。

この物件のポイントは、築年数と利回りです。平成8年の建築でありながら、満室時の利回りは実に10％もありました。これは購入時としてかなり優秀な数字です。

購入時は融資を急いだため、回答は速いが金利が高い信用金庫を利用しました。その後、信用金庫の担当者の度重なる失態もあり、地銀に借り換えをした結果、返済比率が60％から50％以下にまで下がりました。

返済比率が20％下がった理由としては、融資の年数を長くしたこと、金利を1％下げたこと、元金均等返済のローンを元利均等返済に切り替えたことです。

保有されていた期間は2年ほどですが、その間、とくに入居者が入れ替わることもありませんでした。そのため、入居に手間をかけることなく、高値で売却できた事例となります。

キャピタルゲインを出せた理由

では、なぜこの物件はキャピタルゲインが出たのでしょうか。その理由は、安く買えたということに尽きます。売り手（実際には売り手仲介業者）に交渉し、早期に融資の回答を出すことができたので、相場に比べて安く購入することができたためです。

他の人よりも早く購入するために、すぐ動けるかどうかがポイントとなります。多少金利が高くても、融資が速い信用金庫を利用できるかどうかが、勝敗を分けるカギとなるのです。

たとえ金利が高くても、物件が適法であるなど条件が揃っていれば、あとから金利の低い都銀または地銀に借り換えをすることも可能だからです。購入を検討する際には、借り換えも考えておく必要があります。また、融資の判断が速い金融機関とつきあいをしておくことは大きな武器となるでしょう。

とくに金利が低い金融機関の中には、融資結果に時間がかかるところもあります。その判断を待っている間に、他の人に買われてしまっては元も子もありません。その点、融資のスピードは不動産投資において最重要事項なのです。

もちろん、購入後に借り換えできるかどうかについては、事前にはっきりわかるわけではありません。デフォルト（債務不履行）が多いエリアであれば、金融機関も断ってくる可能性がありますし、積算系の評価を重要視する金融機関に、収益還元系の物件を依頼しても引き受けてくれないでしょう。そのあたりに関しては、知識や経験によって判断していくしかありません。

本事例から学べること

- 物件の購入は融資スピードが命（現金が最高！）
- 売り手業者の段取りが勝敗を分けることも
- 購入時には数年後の借り換えも視野に入れておく
- 借り換え判断は経験を積んで身につけるべし

04

【事例④】アルテハイム灘

物件概要

神戸市灘区にあるこちらの物件は、2つの駅から徒歩圏内という好立地でした。実際に購入したのは2015年の11月。その後、売却したのは2016年の9月となります。そのため、購入から売却まで1年も保有していないという結果となりました。

物件の間取りは1Rタイプ。総戸数は40戸です。2つの駅から近いということもあり、一見して単身者を中心とした需要を見込めそうだと予測できます。事実、購入時には40戸がすべて満室の状態でした。それだけ人気がある物件というわけです。

物件名	アルテハイム灘
価　格	343,000,000円(税込)

種　別	収益マンション				
所在地	神戸市灘区岩屋中町二丁目1番16号				
地　番	神戸市灘区岩屋中町二丁目1番7				
交　通	阪神本線　岩屋駅　徒歩5分				
	JR東海道本線　灘駅　徒歩8分				
	阪急神戸線　王子公園駅　徒歩10分				
土　地	公簿	464.27 ㎡ 約 140.44 坪	地目	宅地	
	実測	㎡ 約　坪	権利	所有権	
	私道負担含む	㎡ 約　坪	現況	建付地	
建　物	構造	鉄筋コンクリート造陸屋根6階建			
	延面積	881.08 ㎡ 約 266.53 坪	種類	共同住宅	
	築年数	平成2年1月　新築	現況	賃貸中	
道　路	北　側　市道　幅員約　6　m に約　m接道				
	南西　側　市道　幅員約　6　m に約　m接道				
	側　道　幅員約　m に約　m接道				
公法規制	区域区分	市街化区域	建蔽率	60%	
	用途地域	第1種住居地域	容積率	200%	
	他規制	準防火規制			
引き渡し	相談				
年　収	現状収入	24,391,200	表面利回り	7.11%	
	満室収入	24,909,600	表面利回り	7.26%	
設　備	電気・都市ガス・EV・オートロック・IHコンロ				
備　考	●1R×40戸、駐車場3台 ●3WAYアクセス ●検査済証あり				
取引態様	売主				

物件のポイント

結果的に、購入してから売却まで1年も経っていないのですが、必ずしも売却を目的に購入していたわけではありません。むしろ、金利を下げることができれば、そのまま保有したいと考えていました。

購入を決めたポイントは、やはり築年数と利回りのバランスです。鉄筋コンクリート造で平成2年に建てられた物件でありながら、満室時の利回りは8・61%と高いのが特徴でした。これだけ利回りの条件がいい物件は、神戸には他に見当たりませんでした。

調べてみると、高利回りの理由は管理体制の良さにありました。管理の担当者の方がすごく優秀で、相場が家賃4万5000円ほどだったところ、5万円でも入居者がつくという状況です。つまり、家賃を1割上乗せしても満室になるほど管理体制が良かったのです。

では、なぜこのような物件が売れ残っていたのでしょうか。ポイントは、この物件の評価が出る金融機関が見つけにくいことにありました。何しろ、平米数当たりの家賃が高いので、積算評価は低いのがネックでした。

積算評価とは、土地と建物の価値を分けて評価し、合算する担保評価のことです。土地は路線価、建物は時価に近いため、本物件のように収益性が高くても価値に反映されにくいのが特徴です。逆に収益還元評価とは、収益性から物件の評価を逆算する評価方法です。

この物件に出会った際、融資をしてくれる金融機関はある程度目途が立っていました。以前より何度もこの信用金庫の担当者とはやり取りしており、条件としては、駅から近くて利回りが高い物件ということだったので、まさに、この物件にはぴったりだったのです。

多くの金融機関の不動産の査定方法は、積算評価（担保評価）と収益還元（収益性）の双方から評価されます。本物件は多くの金融機関では担保評価が低い物件でした。その点、融資してくれる金融機関を見つけられるかがポイントになるわけです。

物件の概観も重要なファクターに

立地や利回りなどは、投資対象となる物件の判断において、最重要であることは間違いありません。ただ、そういった要因は誰もがチェックしているため、投資判断としては、差別化のポイントにはなりにくいのが実情です。

その点、積算評価が低い物件でも、今回のように融資してくれる金融機関を見つけられたり、あるいは状況に応じて交渉できたりするというのは強みとなります。

また、こちらの物件の場合、資料からだけではわからない、実際の外観も購入を決める要因となりました。何より外観が綺麗だったのです。さらに角地ということもあり、多くの資産家の方に好まれる条件はそろっていると言えました。

2億8800万円で購入したこの物件は、最終的に3億3300万円で売却することができました。キャピタルゲインを稼げている成功事例です。

本事例から学べること

- 判断材料の王道は「築年数」と「利回り」
- 物件価格と積算評価の乖離に注意
- 積算評価が低いと金融機関からの融資が難しい
- 外観や角地という立地も判断材料になり得る

05

【事例⑤】ハイツ長井

物件概要

大阪市東淀川区にあるこちらの物件は、資料を見ればわかるように、それほど情報が充実しているわけではありません。

立地は地下鉄の駅から徒歩7分ほど。阪急線からは9分に位置していました。それほど悪くはありません。部屋数としては、1階部分に8戸、2階から4階に10戸、そして5階に4戸という条件です。資料では、価格が1億6500万円となっていました。

物件概要				
物件No.1 ハイツ長井Ⅰ				
売　　値	総額16,500万円			
所 在 地	大阪市東淀川区戸豊里6丁目27－10　交通:地下鉄だいどう豊里　歩7分　阪急上新庄歩9分			
土　　地	地　　積	291.13㎡(約88.06坪)	私道負担	
	権　　利	所有権	地　　目	宅地
建　　物	構　　造	鉄筋コンクリート造5階建		
	建　　延	876.58㎡		
	築　　年	平成2年1月		
都市計画	市街化区分	市街化区域	用途地域	第二種中高層住居専用地域
	建ぺい率	60%	容積率	200%
	高度地区		防　　火	準防火
	その他規制			
道　　路	3方角地			
	1階8室　105号(自転車置き場)106号(機械室) 2階～4階　各10室 5階4室 (空き部屋クーラー等改装済み)			

物件のポイント

この物件は、入居率が悪いということもあり、購入時には全体の30％ほどしか入居者がいませんでした。また、土地の面積と建物の延面積を見てみるとわかるように、こちらも検査済証がなく、内廊下を除外した容積率の計算をしても容積オーバーとなっています（事例①参照）。

本来、こういった入居率が悪い物件は、安く購入して入居率を上げ、高く売却するのが王道です。間取りはワンルームタイプなので、単身者に好まれる工夫をすれば、入居率が改善する可能性もあります。ちなみに家賃については、３万５０００〜４万円ほどで考えていました。満室になれば利回り12％以上の高利回り物件というわけです。

想定通りではなかったものの、１年ほどかけて入居率を55％ほどまで高めることはできたのですが、民泊使用として法人契約していたしていたところが抜け、再び３割ほどにまで落ち込んでしまいました。

こうなると、毎月の収入は赤字です。このまま保有していても、インカムゲインは得られません。最終的には、どうにか1億8000万円で売り抜けられたため、キャピタルゲインで挽回することができました。

購入したのが2015年の9月で、売却したのは2017年の1月なので、1年半ほど保有していたことになります。

入居率を上げられると考えた根拠

この事例では、結果的に高い入居率を持続することができませんでした。ただ、大切なのは「**なぜ、入居率を上げられると考えたのか**」という点にあります。

実はこの物件があるエリアは、学生街でした。事実、学生が好むファーストフード店がすぐ側にあり、物件も綺麗で、若者が選ぶ条件は整っていたのです。大規模修繕も終了しており、エアコンもすべて交換済みでした。

ただ、オーナーと仲介業者のトラブルが頻発していたというのです。そのため、仲介業者が積極的に紹介してくれず、結果的に入居率が低水準で推移していました。そこで、オーナーが変われば状況も変わると思い、購入に至ったというわけです。

もし、想定通りに入居率が改善し、満室になったら利回りはかなり上昇します。しかし、予想通りに入居者を獲得できなければ、危険であることに変わりません。その点、意思決定には判断力が問われることになります。

購入後に関しては、セコムのホームセキュリティを導入したり、防犯カメラを設置したりするなど、単身者に好まれる設備を導入しました。そうすることで、他の物件よりも見栄えをよくし、高い家賃でも選ばれるようにしたいと考えたのです。特にホームセキュリティを採用している学生用マンションは近隣にはなく、成功すれば独占市場でした。

しかし、知っていた通り激戦区で、さらには賃料相場の下落圧力の強いエリアだったため、相場より2割以上高い家賃では、前述のように思いのほか入居者が集まらない結果となりました。このように、そもそもの需要が飽和しているエリアでは、プロでも失敗することがあることを肝に銘じておいてください。

本事例から学べること

- 空室率の改善を模索するべし
- 入居者のニーズをイメージしてみよう
- 需要が飽和しているエリアは難しい
- 想定より高い家賃でのシミュレーションは危険
- プロでも判断を見誤ることはある

06

【事例⑥】アーバンライフ拓植

物件概要

三重県伊賀市にあるこちらの物件は、駅から徒歩1分という好立地にあるものの、地方のため移動手段のメインは自動車となります。その点、この場合の駅から徒歩1分という立地は、物件価値の評価にはそれほど影響しないと考えていいでしょう。

資料からもわかるように、土地が5412㎡とかなりの広さです。建物も大きく、戸数は全部で25戸（店舗、管理人室を含みます）。もちろん駐車場も完備されており、トータルで93台停めることができます。このあたりからも、エリアの特徴が垣間見えます。

建築されたのは1988年。2016年8月には大規模改修工事が実施されており、今

物件名	アーバンライフ柘植
価　格	370,000,000円(税込)

種　別	収益マンション			
所在地	三重県伊賀市柘植町3353－1			
地　番	三重県伊賀市柘植町字黒杭3353－1他14筆			
交　通	JR関西本線　柘植駅　徒歩1分			
	JR草津線　柘植駅　徒歩1分			
土　地	公　簿	5412.30 ㎡ 約 1637.22 坪	地目	宅地、雑種地
	実　測	㎡ 約　坪	権利	所有権
	私道負担含む	㎡ 約　坪	現況	建付地
建　物	構　造	鉄筋コンクリート造ルーフィング葺4階建		
	延面積	2506.97 ㎡ 約 758.36 坪	種類	共同住宅・店舗
	築年数	昭和63年6月13日　新築	現況	賃貸中
道　路	北側 公道 幅員約 8 mに約 m接道			
	西側 道 幅員約 3 mに約 m接道			
	側 道 幅員約 mに約 m接道			
公法規制	区域区分		建蔽率	60%
	用途地域	指定なし	容積率	200%
	他規制			
引き渡し	相談			
年　収	現状収入	41,313,120	表面利回り	11.17%
	満室収入	46,401,120	表面利回り	12.54%
設　備	中部電力、公営水道、浄化槽、CATV			
備　考	●全戸数75戸(店舗3戸、管理人室1戸、倉庫1戸、住居70戸)駐車場90台(第1駐車場63台、第2駐車場27台) ●検査済証あり ●平成28年8月大規模改修工事実施 ●返還保証金は東京方式 ●決済時期は契約後、3カ月後が条件になります。 ※大規模改修の詳細についてはCAご提出後になります。			
取引態様	売主			

後、物件に費用がかかることは特段ありません。ちなみに、購入時の稼働は17戸で、現状利回りは9・5％。満室では29％という想定になっていました。

物件のポイント

こちらの物件は、リノベーションを行った結果、現状の家賃収入が劇的に向上しました。もちろん、その分の費用はかかっていますが、リフォームして入居率を高められたため、ほぼ満室に近い状況で売却することができたのです。

２０１６年の2月に購入し、２０１７年の６月に売却しているため、保有期間はおおむね１年半ほどとなります。

購入のポイントとしては立地です。駅から近いということではなく、高速道路のインターチェンジから近かったのです。そのため、大阪にも名古屋にも行きやすく、自動車での移動が基本のこのエリアにおいて、選ばれやすい条件がそろっていたと言えます。特に、この名阪国道という高速道路は、「大阪⇕名古屋間の料金が他の高速道路と比べて格段に安い」という特徴がありました。「こんなに使いやすい道路なのに、なぜ０円の区間がこんなに長いのか」と疑問を持つくらいでした。私は大手企業の工場群が近隣にたくさんある工業地域であったため、「この道路があるかぎり、この工場群は海外に移転しないだろう」と予測したのです。そして、予測していた通り、近隣の工場が社宅として60部屋ほど借りてくれました。

エリアによっては、このようにその土地の特性、とくにビジネス的な観点から、入居者を獲得できることも少なくありません。もちろん、工場地帯であれば必ず社宅として借りてもらえるわけではありませんが、そのような視点で検討することは大切です。

資料を見て、「こんなところにある物件には誰も住まないよ」と短絡的に考えてしまうようでは、購入機会を逃してしまいかねません。そうではなく、土地の特性を加味した上で、どのような可能性があるのかを見極めることが投資家には求められるのです。最悪、入居者が埋まらなくても返済できる程度の現状利回りがあったことも、購入する際の重要な要因でした。

金融機関の評価も高い

加えて、この物件は金融機関からの評価も高いという特徴があります。では、なぜ金融機関からの評価が高いのでしょうか。ヒントは資料の中にあります。

すでに述べているように、この物件は非常に土地が広いです。ということは、積算評価も高くなることを意味します。**積算評価が高い物件は、金融機関からの評価もまた高くなるのです**。そのため、フルローンで融資を取り付けることができました。

物件の購入価格は1億8000万円。さらにリフォームで1億円ほどかかっているので、トータル2億8000万円の投資となります。利回りが高いため、保有していてもインカムゲインを得られますし、また、部屋が埋まったので高値で売却することも可能です。

たしかに、このような物件を見つけ、このように仕上げるのはそう簡単なことではありません。この物件を仕上げる最大の難関はリフォーム費用を捻出することでした。当初借り入れていた金融機関がリフォーム代を出してくれなかったので、①借り増し（借り換え）、②保証協会、③リースと3つを組み合わせて何とか資金繰りに目途が立ったのです。

ただ、実際にこういった物件と出会ったとき、土地の状況や利回り、積算評価などを総合的に判断し、シナリオを描けるのかどうかが勝負の分かれ目です。いろんな融資に強いパートナーがいることが一番のポイントです。私の場合、自社の取締役が金融機関出身で、経験値、能力が高かったことで最大の難所をクリアすることができました。

本事例から学べること

- 立地の良さは駅に近いことだけでは判断できない
- 土地の特性を見極めることが大事
- リフォーム業者によって物件の仕上がりはまったく変わる
- 積算評価が高いと、金融機関の評価も高くなる
- 急な資金需要に耐えうる体力または資金繰りのスペシャリストが必要

07

【事例⑦】サクセス加賀

物件概要

石川県加賀市にあるこちらの物件は、最寄り駅までクルマで9分という立地にあります。土地も広く、部屋数は全部で38戸。駐車場も完備されていて、トータル61台が停められるようになっています。

こちらの物件に関しても、駅からの距離は問題とはなりません。むしろ、自動車を停められるかどうかや、クルマでの移動が便利かどうかなどが重要となります。また、近隣の環境や相場から判断して、どのくらいの需要があるかをチェックすることも大切です。

物件名	サクセス加賀
価　格	210,000,000円(税込)

種　別	収益マンション			
所在地	石川県加賀市七日市町ル42番地			
地　番	石川県加賀市七日市町ル40番			
交　通	JR北陸本線　加賀温泉駅　車９分			
土　地	公簿	2101.47 ㎡ 約 635.69 坪	地目	宅地
	実測	㎡ 約 坪	権利	所有権
	私道負担含む	㎡ 約 坪	現況	建付地
建　物	構造	鉄筋コンクリート造陸屋根８階建		
	延面積	2550.10 ㎡ 約 771.41 坪	種類	共同住宅･店舗
	築年数	昭和58年新築、平成16年改築	現況	賃貸中
道　路	東　側　公道　幅員約　6.0　m に約　m接道			
	西　側　公道　幅員約　6.2　m に約　m接道			
	側　道　幅員約　m に約　m接道			
公法規制	区域区分	非線引区域	建蔽率	60%
	用途地域	指定なし	容積率	200%
	他規制			
引き渡し	相談			
年　収	現状収入	22,905,600	表面利回り	10.91%
	満室収入	23,241,120	表面利回り	11.07%
設　備	北陸電力、プロパンガス、公共水道、公共下水			
備　考	●倉庫２戸、住居(2LDK～4LDK)35戸、アンテナ室1戸合計38 戸敷地内駐車場(Aブロック31台･Bブロック13台･Cブロック７台)51台 敷地外駐車場(Dブロック)11台　合計62台 ※敷地外駐車場(11台)の借地料月額40,000円は年収から差し引いています。 ●返還金は東京方式。 ●建物未登記あり　ゴミ置き場、駐輪場 ●検査済証あり			
取引態様	売主			

物件のポイント

この物件のポイントは、満室時の利回りにあります。売却の資料で満室想定で11・07％と高いので、満室にすることができれば、十分に採算が取れる計算となります。ちなみに、購入時の入居率は6割ほどでした。

現状の入居率が低いということは、改善の余地があるということを意味します。とくにこの物件の場合は、サブリース会社を利用することによって、半年ほどで満室にすることができました。

サブリース会社を利用するかどうかについては、判断が難しいところです。当然、手数料を取られてしまうわけなので、きちんとシミュレーションした上で、収益性がどのくらいあるのかを見極めなければなりません。

また、どのサブリース会社を選ぶのかも重要です。入居率を高めたいのであれば、営業力が強いところに依頼する必要があります。サブリース会社を利用しても、入居率が高まらなければ本末転倒です。

きちんと入居者がつき、安定した運営ができるようになれば、サブリース会社を外すことを検討するといいでしょう。こちらの物件でも、サブリース会社を外した上で売りに出しています。

ちなみに、売却するときにサブリース会社をつけたままだと、利回りが下がってしまいます。その分、購入されにくくなってしまうわけです。その点、購入時には、サブリース会社を外して売りに出した方が得策です。

サブリース会社を入れる判断材料とは

では、なぜこの物件ではサブリース会社を利用したのでしょうか。その理由は、手数料を支払っても十分に採算が取れると判断したためです。加えて、自分で客付けをするのは難しいと考えたのも、理由の1つとなっています。

契約上、サブリース会社を外すのには違約金が必要でしたが、その違約金を払ってでも、外した上で売りに出しています。もちろん、買い手が見つかってからサブリース会社を外すという判断もあり得ます。そのあたりは、機動力を考慮して検討するといいでしょう。

また、実際にサブリース会社を入れる際には、きちんと査定してもらうことが欠かせません。査定を見て、改めてシミュレーションをし、それでも採算が取れるのなら利用を検討してみることです。

このように、たとえその土地に関する知見がなかったとしても、サブリース会社をうまく活用することによって、どの土地でも不動産投資を成功させることは可能です。場所によっては、インカムゲインとキャピタルゲイン、どちらも期待できます。

こちらの物件は売りに出しているものの、保有していても利益を生みます。できることなら、このような物件を見つけて、適切に投資するようにしましょう。

本事例から学べること

●利回りの高さがインカムゲインにつながる
●優秀な管理会社スタッフを味方につける
●満室対策はサブリース会社の活用も

●サブリース会社&優秀な管理会社を活用できれば土地勘がなくても投資できる

●インカムゲインとキャピタルゲイン、どちらも得られる物件を見つけよう

08

【事例⑧】東京バルク

物件概要

今回の事例集のうち、こちらは唯一「バルクタイプ」のものとなります。不動産投資で言うところのバルクとは、複数の物件をまとめて販売している形態のことを指します。こちらのバルクでは、9戸の物件がセットで販売されています。

物件はそれぞれ、東京のものもあれば神奈川県のものもあります。何らかの共通点があるというわけではなく、不動産業者の都合でまとめられていると考えていいでしょう。9戸のトータルで価格は6500万円となっています。表面利回りは8・5%です。

物件のポイント

バラバラの物件をバルクとしてまとめて販売している理由の多くは、単体では販売に時間がかかるためです。また融資をつけるにしても金融機関の担当者が手間の割に手数料が少ないので融資がつきにくいです。ついたとしても信販系のファイナンスぐらいしかなく、それならば、まとめて売ってしまった方がいいということでまとめられています。

もちろん、購入する投資家としては、1戸ずつ高値で販売しようと考えることでしょう。ただ、必ずしもそううまくいくとは限りません。もし、それぞれの利回りが悪ければ目も当てられないでしょう。

ただ、こちらのバルクは、利回りも比較的よく、入居者がきちんとついていました。区分マンションの多くは、空室で高い利回りを掲げているところが少なくありませんが、それはあくまでも入居者がいてのことです。そのため、入居者の有無は非常に重要となります。

空室の高い利回りにだけ着目し、それで購入を決めてしまうと、客付けに思いのほか苦労してしまう可能性があります。場合によっては、客付けにあたり仲介業者に高額のマージンを支払わなければならないなど、出費がかさむケースもあります。

その点、とくにバルクは判断が難しいところですが、利回りと入居状況をきちんと確認し、その上で1物件1物件の価格を判断した方がいいでしょう。都市部で利回りがいい物件などは、よく注意しつつ検討するべきです。

不動産業者の売り方とは

不動産投資に関する業者のスタンスには、大きく2つのタイプがあります。

1つ目は、**相場より安く買って、相場より安く売ってくれる不動産業者**です。このような業者であれば、自らの利益を確保しつつ、買い手としても相場より安い価格で物件を購入できることになります。

もう1つは、**相場よりちょっと安く買い、相場より高く売る不動産業者**です。前者と比較して、乗せている利益額は同じだったとしても、買い手にとっては相場より高い価格で購入してしまうことになり兼ねません。

不動産投資をする際には、取引を行う業者がどちらのタイプなのか、あらかじめ見極めておくことが大切です。そのためには、自ら相場を判断できるスキルが必要となります。業者によっては、売り抜けてしまえばいいと考えているところも無きにしもあらずなのです。バルクタイプの物件は、さまざまな種類の不動産を一度に購入できるため、それぞれを高値で売却できる可能性もあります。ただし、不動産業者のスタンスによっては、すでに相場より高値で販売している場合もあるのです。相場より高いか安いかは重要ですが、しっかりとしたシミュレーションに基づき購入を検討することが必須です。

そのように、物件の良し悪しだけでなく、業者のスタンスも見極められるようになりましょう。

本事例から学べること

- いくつかの不動産をセットで販売しているのが「バルク」
- 不動産業者の都合でバルクにしている場合も
- 利回りだけでなく、入居状況もきちんとチェックする

● 相場はあくまで相場、上昇すると思えば買ってもよし。ただし、シミュレーションは必須

● 不動産業者のスタンスを見極めることも大事

09

【事例⑨】物件D(仮)

物件概要

こちらの物件は、これまでの不動産とは趣向が異なり、いわゆる「寮」として使われているものです。部屋数は38戸ですべてワンルームですが、食堂や厨房、洗面室、さらには大浴場まで完備しています。

最寄りの駅からは11分と離れているものの、寮として使われているため、一般的な不動産評価において活用される指標を考慮する必要がありません。問題なのは物件価格と、物件そのものの条件となります。

物件名	物件D(仮)				
価　格	相談　円(税込)				

種　別	寮				
所在地	横須賀市				
地　番					
交　通	京急本線　□□駅　徒歩11分				
土　地	公　簿	2152.29 ㎡ 約 651.07 坪	地目	宅地	
	＊崖部分	1344.44 ㎡　上記に含む	権利	所有権	
	私道負担含む	㎡ 約　0.00 坪	現況	建付地	
建　物	構　造	鉄骨造２階建			
	延面積	843.63 ㎡ 約 255.20 坪	種類	寄宿舎	
	築年数	平成２年７月新築	現況	賃貸中	
道　路	南　側　公道　幅員約　4.0　m に約　m接道				
	西　側　公道　幅員約　4　m に約　m接道				
	側　道　幅員約　m に約　m接道				
公法規制	区域区分	市街化区域	建蔽率	60％	
	用途地域	1中高	容積率	200％	
	他規制	宅地造成工事規制区域、土砂災害警戒区域、急傾斜崩壊危険区域			
引き渡し	相談				
年　収	現状収入	12,600,000	表面利回り	＃VALUE!	
	満室収入	12,600,000	表面利回り	＃VALUE!	
設　備	電気・都市ガス・公営水道・公共下水				
備　考	●寮室38戸（1R）、管理人室1戸（2DK）、食堂、厨房、大浴場、洗面室 ●地盤調査報告書有り ●平成14年外壁屋上防水工事済 ●検査済証有り				
取引態様	媒介				

物件のポイント

物件の特徴としては、オーナーの負担がほとんどない点にあります。まず、企業の寮として使われているため、客付けの必要がありません。固定資産税と洗濯機のリース代（月額1万円）を負担していれば、あとは手がかからないのです。

最終的な物件価格は９３００万円ですが、利回りとしてはかるく10％を超える計算となります。かなりの優良物件と言っていいでしょう。

ただ問題は、建物が建っている場所にありました。資料にもあるように、この寮は「土砂災害警戒区域」「急傾斜崩壊危険区域」に建てられていたのです。

そのため、金融機関の融資が伸びにくいため、売るのが難しいというのが実情でした。とくに、一般の人にはなかなか売ることができません。なぜなら、もし何らかの事故があった場合、業者である売主が責任を負わなければならない可能性があるためです。

しかし、相手が不動産業者であれば話は別です。きちんと免許のある業者であれば、その危険性について認識できるはずですし、売主も瑕疵担保責任を負う必要がありません。

こういった事案もあるため、私はすべての投資家に宅建業の免許を取得することを勧めています。不動産投資家の中には宅建業者顔負けの同じことをしている方もいて、さらにそのような方は違法の常習性があるため、非常に危険です。法律で定められた中で不動産投資を行っていただきたいです。

現実的なリスクも考慮して

物件を購入する際には、本事例にあるように、現実的なリスクも考慮する必要があります。また、そのようなリスクがあるために、融資がつきにくいということも理解しておくべきでしょう。

ただ、その部分さえクリアできてしまえば、寮なので安定的に収益を得ることが可能となります。リスクとリターンが投資の基本であるように、リスクを認識した上で対応すれば、きちんとリターンは得られるのです。

せっかく不動産投資に着手するのであれば、最初からプロになるぐらいの気持ちで、積極的に取り組む姿勢が勝ちにつながります。

本事例から学べること

- 「寮」は安定的に収益が得られる
- 現実的なリスクも考慮するべし
- 個人の投資家はチャンスが限定されることも
- 個人投資家は宅建業者と同じことをやってはいけない
- 不動産投資をするのならプロになる気持ちで

10

【事例⑩】マルサンビルディング

物件概要

こちらの物件も、他の物件とは異なり、一般の居住者向け不動産ではありません。いわゆる法人を対象とした「テナントビル」です。東京都葛飾区にあり、最寄り駅からも7分とそれほど離れていないため、立地は悪くありません。

資料にもあるように、入居できる事務所の数は5戸。駐車場も併設されており、7台まで停められます。２０１２年には屋上の防水等修繕がなされており、２０１６年には空調機の交換工事も行われている状況です。

物件名	マルサンビルディング
価　格	670,000,000円(税込)

<table>
<tr><td>種　　別</td><td colspan="5">収益ビル</td></tr>
<tr><td>所 在 地</td><td colspan="5">東京都葛飾区青戸四丁目22番16号</td></tr>
<tr><td>地　　番</td><td colspan="5">東京都葛飾区青戸四丁目100番、101番1</td></tr>
<tr><td rowspan="2">交　　通</td><td colspan="5">京成本線　青砥駅　徒歩７分</td></tr>
<tr><td colspan="5">京成押上線　青砥駅　徒歩７分</td></tr>
<tr><td rowspan="3">土　　地</td><td>公　　簿</td><td colspan="2">928.32 ㎡ 約 280.82 坪</td><td>地目</td><td>宅地</td></tr>
<tr><td>実　　測</td><td colspan="2">㎡ 上記に含む</td><td>権利</td><td>所有権</td></tr>
<tr><td>私道負担含む</td><td colspan="2">㎡ 約 0.00 坪</td><td>現況</td><td>建付地</td></tr>
<tr><td rowspan="3">建　　物</td><td>構　　造</td><td colspan="4">鉄骨鉄筋コンクリート造陸屋根５階建</td></tr>
<tr><td>延 面 積</td><td colspan="2">1931.19 ㎡ 約 584.18 坪</td><td>種類</td><td>事務所</td></tr>
<tr><td>築 年 数</td><td colspan="2">平成４年10月新築</td><td>現況</td><td>賃貸中</td></tr>
<tr><td rowspan="3">道　　路</td><td colspan="5">東　側　公道　幅員 約　11　m に約　38.3　m接道</td></tr>
<tr><td colspan="5">側　公道　幅員 約　m に約　m接道</td></tr>
<tr><td colspan="5">側　道　幅員 約　m に約　m接道</td></tr>
<tr><td rowspan="3">公法規制</td><td>区 域 区 分</td><td colspan="2">市街化区域</td><td>建蔽率</td><td>60％</td></tr>
<tr><td>用 途 地 域</td><td colspan="2">準工業地帯</td><td>容積率</td><td>200％</td></tr>
<tr><td>他 規 制</td><td colspan="4">準防火地域、第二種高度地区</td></tr>
<tr><td>引き渡し</td><td colspan="5">相談</td></tr>
<tr><td rowspan="2">年　　収</td><td>現状収入</td><td>48,965,252</td><td>表面利回り</td><td colspan="2">7.31％</td></tr>
<tr><td>満室収入</td><td>48,965,252</td><td>表面利回り</td><td colspan="2">7.31％</td></tr>
<tr><td>設　　備</td><td colspan="5">東京電力、都市ガス、公営水道、公共下水、EV</td></tr>
<tr><td>備　　考</td><td colspan="5">●検査済証あり
●事務所５戸、駐車場７台(現況満室)
収入には看板及びアンテナ収入も含んでいます。
●Ｈ24.９　屋上防水(塔屋・２Ｆルーフバルコニー含む)
等修繕済み
H28.７　空調機交換工事
●返還金は東京方式
※決済時期は平成30年４月上旬になります。</td></tr>
<tr><td>取引態様</td><td colspan="5">売主</td></tr>
</table>

物件のポイント

本事例のポイントは、まず不動産投資における「消費税の還付」が絡んでいます（※税金についてはの具体的な相談は顧問税理士にご相談ください）。具体的には、預かった消費税より支払った消費税の方が多かった場合、消費税の還付を受けられるという制度があるのです（課税事業者の場合）。

その制度を活用するために、より詳しくは課税売上を高めるために、この物件を購入しています。詳細は割愛しますが、端的に言えば、課税売上の割合を高めることによって、返ってくる消費税が多くなると理解してください。

ここで重要なのは、そのような税制も視野に入れて物件の購入を検討するべきということです。とくに個人から法人へと移行した場合には、そのようなテクニックが大いに役立ちます。消費税の還付も知らなければ実行できません。通常に不動産投資を続けることで消費税の還付を毎年受け続けることも可能です。

また、物件そのものの購入ポイントとしては、利回りが高いこと、そして2772万6

000円の保証金があったので手元資金が不要だったという点が挙げられます。保証金は最終的に返すものですが、購入時には自己資金を減らさずに済むので非常に役立ちます。

さらに、満額の融資が受けられたというのもポイントです。利回りもよく、結果的に運転資金を得つつ、購入することができました。

オフィスビルの特徴

オフィスビルの特徴としては、法人契約が基本となるため、退去の頻度が一般の方より低いという点が挙げられます。そのため、投資家としては収益の予測を立てやすく、投資計画が安定的に推移しやすい傾向にあります。

ただし、よほどいい立地でない限り、空室期間が長いということも特徴です。賃料を下げたらすぐに入居が決まる居住用の物件とは違いますので、詳しくはオフィス専門の仲介業者にヒアリングしてください。また、住居系と違い入居者の入れ替わりが少ない分、入居者属性のリサーチが大変重要になります。リサーチには金融機関や帝国データバンクなどのリサーチ会社など有料な情報も利用し、できる限り入念に調査するようにしてください。

そして、本事例の場合、保有しているときにエアコンの故障がありました。修理にはワンフロアあたり500万円程度の費用がかかりました。オフィスビルは規模が大きければ全館空調など更新に多額の費用が発生する設備もあるので、入念にリサーチする必要があります。そして、リサーチを反映したシミュレーションを作成して15年の事業計画を行ってください。

上級者の中には、オフィスだけを所有している人もいます。不動産投資は店舗でもビルでも、それこそ駐車場でもできるため、可能な限り選択肢を持っておいた方がより良い物件に巡り会いやすいことでしょう。貸ビル業は100年以上続いている企業が多く、不動産投資を事業として今後継続していくなら、必ず研究していただきたい事業形態です。

本事例から学べること

●オフィスは一般よりも退去が少ない（回転率が低い）

- 入居者の属性がかなり大事
- 購入時のキャッシュフローにも気を配ること
- テナントビルも検討対象に加えるべし
- 不動産の購入をするなら「消費税の還付」も意識する
- 貸しビル業は100年企業が多い

11

まとめ

最後は「判断力」がものを言う

本章では、全部で10のケースを紹介してきました。それぞれの事例に特徴があり、ポイントを押さえて参考にしていただければと思います。

とくに初心者の方であれば、つい利回りばかりに注目してしまいがちです。たしかに利回りは不動産投資の意思決定において重要なポイントなのですが、それだけで購入判断ができるわけではありません。

むしろ、「利回り」という基本をクリアした上で、どのような利点があるのかを見極められるかが勝負どころとなります。それぞれの物件において、どういった点に着目するべきなのかは、事例の中で紹介したとおりです。

中でも意識していただきたいのは、物件の「裏側」にある情報です。資料からわかるのは、物件に関する表面的な情報でしかありません。それらは判断材料の1つにはなるものの、決定打にはなりにくいのです。なぜなら、誰もが閲覧できるからです。

もちろん、優良な物件にいち早く出会うことを目指し、たくさんの物件を閲覧するというのは大切です。不動産投資は足で稼ぐことが求められているように、**できるだけ多くの優良物件を見つけることが、勝率を高めるポイント**であることは間違いないでしょう。

ただ、出会える物件には限度があります。とくに自分で物件探しをするのであれば、使える時間も労力にも限りがあるはずです。だからこそ、出会えた1つひとつの物件から、その裏側にある魅力を掘り下げられるスキルを身につけるべきでしょう。

表示されている利回りはどのように変化するのか。サブリース会社を使うとどうなるのか。リフォームやリノベーションの余地はないか。金融機関の評価はどうか。買い手は見つかるのか。入居者属性はどうか。インカムゲインとキャピタルゲインのバランスはどうなのか。それこそ、検討するべき要素は無数に存在しています。本章に掲載した10の事例から、そういったことを肌感覚としてつかんでみてください。

情報を得て仮説を構築する

多くの物件情報にふれていくと、やがてそれぞれの物件ごとに仮説を立てられるようになります。仮説とは「**その物件ならではの勝ちパターン**」であり、それを見極められるようになるということです。

不動産投資の上級者であればあるほど、仮説のバリエーションは豊富なはずです。基本的な客付けのテクニックや、リフォームやリノベーション、借り換えや資金繰り、サブリース会社の活用など、使える武器をたくさん持っているためです。

そのように、使える武器がたくさんあれば、どこにあるどんな物件でも勝ちに向かうことが可能となります。そのうち、シミュレーションをしてとくに勝ちやすい物件を見極めることができれば、高い勝率を維持することができるでしょう。

あとは、さまざまな物件情報を見ながら、学び続けることです。まったく同じ物件は世の中に2つとありません。だからこそ、**1つひとつの物件に対し、どういう投資判断が可能なのかを考える**ことが求められるのです。

その点、不動産投資とは「応用問題」の連続であると言えます。公式と解答がセットになっているのではなく、人によって使う公式が違えば、導き出される答えも異なります。応用力があれば、誰もが見向きもしない物件でも勝負が可能です。

義務教育をはじめとする学校教育では、公式と解答がきちんとありました。しかし、社会に出てからは個々の状況にそれぞれ対処するしかありません。誰かの意見を参考にすることはあっても、最後は自分で判断するということを忘れないようにしてください。

見えない情報を見るために

少ない事例しか見ていないと、投資に対する判断力が醸成されません。とくに、他人から言われたまま投資をしているようでは、いつまで経っても実力は身につかないでしょう。だからこそ、多くのケースを見ておくことが大切です。

とくに、表面的な情報だけでなく、その裏側にある情報を探ってみることが大事です。そういった活動をくり返していくと、やがて見えていなかったものが見えてきます。そしてそのような情報こそ、他人に差をつける要因になるのです。

10の事例を見るなかにおいて、「**自分とはまったく視点が違う**」と感じられるケースがいくつかあったと思います。そのような視点を得るには、とにかく情報にふれることです。それもできるだけ生の情報がいいでしょう。

もちろん、自分で物件情報を見つけ、不動産業者から話を聞き、実際に現場を見るという活動がその基礎となります。あるいは不動産投資に関する勉強会に参加したり、セミナーで話を聞いたりすることなども効果的でしょう。

いずれにしても、不動産投資は短期的に収入を得て終わりというものではなく、持続的な活動の中で資産を形成していくタイプの投資です。そのために必要なのは、**短期的に勝てるためのテクニックではなく、継続できるスキル**なのです。

次の第5章で紹介する3つのスキル、「相場観」「シミュレーション」「人間力」はまさに、継続して不動産投資で成功するために不可欠なものとなります。

POINT

・不動産投資において「利回り」は重要だが、それだけで購入を決めてはいけない。
・物件ごとの「勝ちパターン」を見極められる知識と判断力を身につけよう。

Chapter

5

不動産投資に必要な3つのスキル

01

改めて不動産投資の全体像について

不動産投資の基本

第5章では、不動産投資の全体像および基本について改めて見ていくとともに、不動産投資に必要な3つのスキル「**相場観**」「**シミュレーション**」「**人間力**」について詳しく解説していきます。

まずは、不動産投資の全体像から確認していきましょう。第1章から第3章までにおいて、あるいは第4章の事例を通して疑問に感じたことがあれば、ここでしっかりとチェックしておくようにしてください。

そもそも不動産投資とは、マンションやアパート、あるいはその部屋を購入し、他人に貸し出して賃料（インカムゲイン）を得たり、あるいは物件を売却することによって売却益（キャピタルゲイン）を得たりするものでした。そのため、構造自体はシンプルです。

賃料収入と売却利益の２つが収益の柱だとすると、ポイントとしては「**①いかに物件を安く買うか**」「**②いかに入居者を獲得するか**」「**③いかに物件を高値で売却するか**」という、購入時、保有時、売却時それぞれの観点から考える必要があります。

ただし、必ずしも複雑に考える必要はありません。要するに、**優良物件を安く買い、保有時には満室を目指し（入居率を高め）、より高値で売却する**。それが不動産投資の全体像となります。

あとは、それぞれの段階において、細かく見ていくべき要素を押さえておけば問題ありません。購入時であれば、物件価格や諸費用はもちろん、家賃相場や入居状況、築年数、利回り、ランニングコスト（管理費・広告宣伝費などを含む）、金利、税金など、見るべき指標はおおむね一定です。

また、保有時・売却時であれば、家賃下落率を加味した年間収入の推移（キャッシュフロー）、管理体制やリフォーム・リノベーションの有無、売却戦略（出口戦略）など、基本事項を押さえておくことが大切です。

そういった数値や要素を確認しつつ、シミュレーションをくり返し、自らの勝ちパターンを獲得していくといいでしょう。投資家ごとに投資スタンスは異なるため、基本をふまえつつも、**自分に合ったやり方を模索していく**ことが求められます。

なぜ投資家ごとに勝つパターンが異なるかですが、それは知識や過去の経験の差、考え方の違いから来ます。たとえば、工場などでの勤務経験がある方であれば、モノづくりが得意であるため、リフォームなどを使った投資で成功する確率が高まります。あるいは旅行好きで色々な地方に行くのが苦にならない方であれば、地方の高利回り物件への投資で成功する確率が高まるといった具合です。現地に何度も足を運び、地元の不動産業者や金融機関と信頼関係を築くことができれば、優良物件を良い条件で借入して購入することも可能です。

このように、自分の得手不得手を把握した上で投資を行っていただくことをお勧めします。

自己資金と融資の関係性

不動産投資は、金融機関からの借入によって行うのが基本です。その際、物件購入価格のすべてをローンで賄う（フルローンやオーバーローン）ではなく、ある程度の自己資金を用意しておくべきです。なぜなら、その方が購入できる物件の幅が広がるためです。

たとえば、ある1億円の物件を購入しようとしたとします。そこで銀行に融資をお願いしに行くと、8000万円しか融資が実行されないとのことでした。そうなると、その物件を購入するには2000万円プラス諸費用分の自己資金が必要となります。

このとき、もし自己資金が用意できないとなると、より金利が高い金融機関（信用金庫や信用組合など）に案件を持ち込むか、あるいは物件の購入をあきらめるしかありません。金利が高くなれば、当然、収益率も低下してしまいます。

考えてもみてください。購入したい物件が購入できず、また、購入できたとしてもより悪い条件となってしまうのなら、不動産投資で勝てる確率が下がるのはあたり前です。なぜなら、それだけ不利な条件で投資しなければならないのですから。

そうした事態を避けるために、一般的には「購入を検討する物件の3～4割」は自己資金を用意しておくべきと言われています。もちろん、それはあくまでも1つの指標に過ぎませんが、どんな物件を購入しても、最低2割ほどは用意しておきたいところです。

投資できる原資があればあるほど、物件選択の幅は広がります。また、リフォームやリノベーション、あるいは管理会社の変更やサブリース会社の利用など、打つべき手立ても多くなるため、勝ちやすくなるというわけです。

フルローンやオーバーローンを勧めている不動産業者もありますが、勝てる確率をより高めるためには、あらかじめ自己資金を用意しておきましょう。とくに投資初心者であれば、現在の利回り感が続く相場では、やはり身の丈にあった投資をすることからスタートするべきです。

ちなみに、購入時の諸費用については、おおむね物件価格の7～10％ほどであるとされています。1億円の物件であればやはり1000万円ぐらいは必要ということです。それらもローンで補おうとするオーバーローンの危険性が、ここからも垣間見えるのではないでしょうか。（※ただし、利回りが高く、オーバーローン、フルローンでも返済比率の低い物件はこの限りではありません）。

不動産の購入に必要な諸費用とランニングコスト

物件の購入時には、物件価格以外に「諸費用」がかかり、また物件の保有時には「ランニングコスト」がかかります。それぞれの内訳について概観してみましょう。

まずは諸費用です。おおむね、次のようなものがあります。

- 仲介手数料
- 事務手数料（金融機関）
- 登記費用
- 火災保険料

仲介手数料は、売買時に不動産会社に支払う手数料です。売買手数料は常に一定で、「購入価格の3％＋6万円（※購入価格が400万円以上の場合）＋消費税」となります。たとえば、5000万円の物件を購入した場合、「5000万円（税別）×3％＋6万円＋消費税」という計算です。

※公益社団法人 全日本不動産協会
https://www.zennichi.or.jp/public/knowledge/buy/chukai/

事務手数料は、融資を受けるにあたり、金融機関に支払う手数料です。融資額の○%など、融資を受ける金融機関ごとに定められています。事務手数料も投資のバランスに影響するため、必ず事前に確認しておくようにしましょう。

登記費用とは、売主から買主に所有権が移転するための登記手続きにかかる費用のことです。一般的には、司法書士に対して支払う費用（登録免許税その他も含む）であると認識しておけばいいでしょう。依頼先の司法書士によって金額は異なります。

火災保険については、賃貸物件を借りる際にも加入するものなので、馴染みがあるものと思います。地震や火災が起きた際の保険として加入するもので、保険会社やプランによって掛け金は変わります。住居系物件は必ず地震保険に入ってください。

また、購入時に必要な税金についても確認しておきましょう。次のようなものがあります。

- 登録免許税
- 不動産取得税
- 印紙税
- 固定資産税
- 都市計画税

登録免許税は、登記にかかる税金のことで、当該物件の所在地である市町村が定めた「固定資産税評価額」に応じて決まります。土地に対しては1・5%、建物に対しては2%となります。

※国税庁
https://www.nta.go.jp/taxanswer/inshi/7191.htm

不動産取得税は、物件の所在地である都道府県に対して支払う税金です。おおむね固定資産税評価額の4%ほどになるため見逃せません。物件購入時には欠かさずチェックしておきましょう。

印紙税については、不動産契約に関する売買契約書に添付する際に必要となります。金額はわずかですが、「不動産売買契約書の印紙税の軽減措置」と合わせて、その額を確認しておきましょう。

※国税庁
https://www.nta.go.jp/shiraberu/zeiho-kaishaku/shitsugi/inshi/08/10.htm

固定資産税および都市計画税は、その年の1月1日時点で保有している不動産にかかる税金のことです。決済日をもとに、売主と買主がそれぞれ固定資産税を負担することになります。清算する際に注意しておく点は、起算日を1月1日とする地域もあれば、4月1日とする地域もあることです。法律では定めていない商習慣になりますので、ぜひ知っておいてください。

これらの諸費用のうち、火災保険（更新料）や固定資産税・都市計画税については、物件を保有している間も発生する費用となります。つまり、ランニングコストとなるわけです。

では、その他のランニングコストにはどのようなものがあるのでしょうか。次のとおりです。

- 管理費
- 修繕費
- 共用部経費（水光熱費など）

物件の運営にあたっては、入居者の募集（広告宣伝など）から建物の維持管理、日々の清掃などが必要となります。それらすべてをオーナー自ら行うのは現実的ではないため、それぞれの専門業者に外注します。管理費の中で一番大切なのは、管理会社に支払う「管理委託料」です。

管理委託料には、次のような項目が含まれると考えていいでしょう。

- 入居者の募集
- 審査契約事務

●家賃回収に関わる業務
●クレーム対応
●退去手続き（立会）
●解約清算手続き

一般的な管理委託料としては、家賃の3～5％ほどとなります。この金額をケチったがために、管理会社のやる気を削ぐようなオーナーが多数います。

たとえば、満室想定賃料が月100万円の物件であれば、満室で管理委託料が3％なら3万円、5％なら5万円、差額は月2万円となります。5％で管理する場合と3％で管理する場合、私がかつて管理会社で営業していた経験から言えば、管理会社の担当者の投資家への心証がまったく違うのです。すなわち、5％であれば「管理させていただく」、3％以下であれば「管理してあげる」というくらい管理会社の心証は違います。

ただし、管理委託料が3％以下でも、①大量に物件を保有しており、管理戸数が増えるなどのスケールメリットがある場合、②既存管理物件の近くにあり、ついでに管理できるので管理コストを抑えられる場合、③大型物件で管理会社にとって看板物件となる場合など、管理会社にメリットがあるケースでは快く引き受けてくれて頑張って管理してくれるでしょう。

逆に、①物件規模が小さい（月額家賃100万円以下の）場合、②管理エリア内だけど、既存物件がなくポツンと違う場所にある場合、③リフォームなど物件から出る修繕工事を投資家自身が実施するため管理委託料以外で管理会社が利益を取ることが難しい場合、などのケースでは、管理委託料が5％でも快く管理をしてくれない可能性があります。

管理会社が快く管理業務をしてくれることのメリットは計りしれません。入居率が上がる、滞納が減る、原状回復費用の支払いが減るなど、管理委託料は不動産投資を行う上で非常にコストパフォーマンスが高い費用です。

その他にコストパフォーマンスが高い費用は清掃費用です。清掃費用は物件をきれいに見せることができる上、入居者の入居期間を延ばしたり、入居促進効果を期待できます。いわゆる「目に見える管理費用」ですので、投資家自らが巡回に行ったり、管理会社以外にも訪問時に清掃状況を確認してもらったりすることで清掃レベルを向上させることができます。これら管理費用の詳細については、今後展開する不動産リテラシーの講座にて詳しく解説していきます。

修繕費については、故障箇所の修理や、エアコン・給湯器をはじめとする設備の交換に加え、物件価値の向上を目的としたリフォームやリノベーションも含みます。

私がシミュレーションする際に注意するのは、物件の保有期間中に大規模修繕をするかしないかをまず決めることです。決めた場合は、何年後に実施するかもシミュレーションに含むようにします。逆に、しないと決めた場合は日常の修繕費の中に一部修繕する費用を見込みます。修繕費には、前に述べた共用部分の修繕に加え、室内のリフォーム費用も含むようにしてください。シミュレーションする金額は内装業者、修理営繕業者などのパートナーに必ず見てもらい、概算金額を算出してもらうことをお勧めします。

共用部経費とは、外灯の電気代や共用水道の水道代などです。その他にも、植木の剪定やエレベーターの点検、消防設備、ポンプ、貯水槽タンクの維持管理に費用がかかることもあるため、購入時には確認しておきましょう。

シミュレーションのためには、内覧時にビルメンテナンス業者のパートナーを同行することをお勧めしますが、大規模（１００室以上）なマンションやビルでない限り、住所と物件名だけ伝えれば、毎月にかかる費用を見積りすることが可能です。

植木についてはすべて伐採して駐輪場や駐車場に変更する投資家が多いように思います。

貯水槽やポンプについては、加圧給水方式から増圧方式に変更して大きな受水槽部分を駐車場に変更することができれば、収益も向上でき、基本的にメンテナンスフリーの増圧ポンプでランニングコストを削減することもできます。

このビルメンテナンスは私が一番得意とする分野なので、この話だけでも本が一冊書けてしまうくらいですが、まず優秀なビルメンテナンス業者とパートナーシップを組むことを目標としてもらえれば、投資家として問題ありません。

不動産投資における収支計算の基本

ここまでの話をふまえて、不動産投資における収支計算について考えてみましょう。まずは、前提となる公式を確認します。シンプルに表現すると次のとおりです。

〈不動産所得〉

●インカムゲイン　＝　家賃収入　－　（必要経費　＋　ローン返済〈金利含む〉）

●キャピタルゲイン　＝　売却価格　－　（購入価格　＋　必要経費）

※この公式には税金が考慮されていません。そのため、利益が発生するタイミングで個人であれば所得税、法人であれば法人税などをマイナスした上で、最終的な利益が出ることを付け加えておきます。

これらが、不動産投資における大まかな収益計算の公式となります。

年間のキャッシュフローを計算するにしても、家賃収入だけでなく、必要経費やローン返済、金利、そして引かれる税金についても考慮していなければ、正味の収支を計算できません。その際には、経費として算出できる「金利」や「減価償却費」についての知識が不可欠です（減価償却費については後述します）。

また、キャピタルゲインも同様で、安く買って高く売るのが基本ではあるものの、必要経費は課税所得からマイナスできるなど、税金を引いた最終的な手残りを考える必要があります。このように、不動産投資には複雑な計算が欠かせません。

とくに初心者の方は、まず年間のキャッシュフローを瞬時に計算できるようにしておきましょう。家賃収入から必要経費を引き、さらにローン返済額をマイナスした手残りがわかれば、おおよその年収が見えてきます。

あとは、不動産所得全体から減価償却費および経費をマイナスし、所得の合計に税率をかければ支払うべき所得税・住民税を算出できます。それが最終的な収入となるわけです。ちなみに、所得税の早見表は国税庁のホームページから確認できます。

※「所得税の税率」国税庁
https://www.nta.go.jp/taxanswer/shotoku/2260.htm

もちろん、物件のマイソクを見るたびに細かい収支計算をするのは大変です。そこで現場では、「表面利回り（年間収入÷物件価格）」や「実質利回り（（年間収入－諸経費）÷（物件価格＋購入時の諸経費））」が活用されています。

物件の選び方

最後に、物件選びの基本についても簡単にふれておきましょう。
まず、投資用の不動産を探すには、収益力が前提となります。きちんと収支シミュレーションを行い、相場の変化や家賃下落率なども考慮に入れた複数パターンで検討した上で、最終的な投資適格性を判断します。

その上で意識しておきたいのは、立地やエリアの特性、周辺環境についてです。とくに**「いかに空室を防ぐことができるか」「空室が出てもすぐに入居者を獲得できるか」**という視点で情報に接することが大切です。

どんなにいい物件でも、入居者がいなければ収益を得られません。採算が取れるのはもちろん、状況が変化しても対応できるかどうか、きちんと確認しておくことが求められます。資料からだけでなく、現場に行き、自らの目で判断するようにしましょう。

ただ、何を判断材料にするのかわからない段階では、現場に行ってもあまり意味がないので、現場に行く際は、管理業務全般を依頼する予定のパートナーに同行してもらいましょう。そして、物件に今後発生する可能性のある修繕（支出全般）や空室対策、賃料設定の適格性（収入全般）についてシミュレーションに反映できるようにアドバイスをもらってください。

また、物件そのものはもちろん、エリアのポテンシャルについてもイメージしておきたいところです。たとえば、鉄道の新駅が建設される予定であったり、あるいは大型商業施設ができたりなど、将来にわたってプラスの要素が隠されている可能性もあります。

建物についても、新築や中古という部分だけでなく、構造や工法、施工会社、築年数なども幅広くチェックしておくべきです。入居者の推移やレントロールから家賃下落率を算出するなど、リスク思考の物件選定が失敗の確率を下げてくれるでしょう。

POINT

- 不動産投資はインカムゲインとキャピタルゲインの2つの収益を柱に考える。
- 物件選びはその物件の収益力を前提に、精緻な収支シミュレーションを行う。

02

不動産投資に必要な3つのスキルとは

次に、不動産投資に必要な3つのスキル「**相場観**」「**シミュレーション**」「**人間力**」について、それぞれ〝なぜ必要なのか〟を改めて確認しておきましょう。

それぞれのスキルの必要性を理解しておくことで、バランスを崩すことなく、堅実な不動産投資を実践することが可能となります。

①相場観

どのような物を購入するにしても、相場がわからなければ適正な価格がわかりません。現状、私たちは物の相場をわかっているからこそ、迷うことなく日々の買い物ができているのです。

野菜や果物、あるいは日用品であれば、スーパーやコンビニエンスストアに行けばおおよその価格がわかるでしょう。その上で、いくら払うかを決めればいいのです。いつもの買い物で、改めて相場を調べる必要はありません。

その点、不動産も同じです。不動産屋に行き、相場を確認し、その上で購入するかどうかを決めればいいのです。投資用であれば、適切なシミュレーションを経て、相場の妥当性を把握することも欠かせません。

ただし、不動産の場合、「**相場が見えにくい**」という特徴があります。普段の生活で接するものではなく、また高額ということも相場を見えにくくしている要因となっているでしょう。いずれにしても、不動産の相場は不透明なのです。

だからこそ、不動産投資においては相場を改めて確認することが大切です。市場ではどのくらいの価格で出回っているのか、その相場は今後も変わらないのか、それとも変わっていくのか。

そういったことを確認し、相場観を養うことが、不動産投資の成功確率を高めます。

②シミュレーション

相場を確認するだけで、投資ができるようになるわけではありません。なぜなら、不動産を購入したあと、収益がどのくらい見込めるのかをきちんと計算しなければ、計画通りの投資を実行できないためです。

そして、そのために行うのがシミュレーションです。シミュレーションはまさに数字との戦いとなりますが、ツールを上手に活用することで、計算の手間を最小限に抑えることができます。

ツールとして最も適しているのはやはり表計算ソフトでしょう。「表計算ソフトを使えなければ、不動産投資はやるべきではない」と言っても過言ではありません。それだけ表計算ソフトは不動産投資に欠かせないツールなのです。

また、シミュレーションを行う際には、マイソクをはじめとする資料に掲載されている数値はもちろん、聞き込みなどによって収集したデータが必要になります。

その点、どのような数字が必要となるのかや、なぜその数字が大事なのかを理解しておくことは、シミュレーションの質を高めるためにも欠かせないことと言えるでしょう。

一番大切な考え方は、「その数字がなぜその値を示すのか」という根拠を理解することです。

とくに相場観とシミュレーションはお互いに深い関係性があり、セットで考えておきたいところです。

③人間力

そして、相場観やシミュレーションのスキルを活かすための能力が「人間力」です。とくに不動産投資における人間力とは多岐にわたります。それこそ、質問力から交渉力、企画力、行動力、そして相手の身になって考える想像力も必要です。

当然、求められた数値から物事を決断する決断力や、周囲の業者を味方にするための人間的魅力も欠かせません。そのように、不動産投資はその人の総合力が求められるものなのです。その点、あらゆるビジネスと似ています。

不動産投資は、株やＦＸのように、パソコンの前に座っているだけで完結するような投資手法ではありません。資料を閲覧し、現場に足を運び、仲介業者や施工業者、管理会社、あるいは税理士や司法書士などと協力して進めていくものです。

だからこそ、人間力をしっかりと養っていなければ、成功することは難しいと言えます。もちろん、大変だからこそやるべき価値があるとも言えるのですが、それなりの覚悟がなければ、継続できないのは確かでしょう。

場合によっては、「不動産を好きかどうか」ということも問われるかもしれません。不動産を好きになり、取り組み続ける人間力がなければ、いずれは嫌になってしまう可能性があり、「**成功するまで行動を続けること**」ができません。そういったことも含めて、不動産投資には幅広い人間力が求められます。

このように、「相場観」「シミュレーション」「人間力」は、どれか1つ欠けても不動産投資にマイナスの影響をおよぼします。個々人において得意・不得意はあると思いますが、できることなら、いずれも過不足なく高められるよう努力していきましょう。

それでは次項から、それぞれのスキルについて具体的に解説していきます。

POINT

・不動産投資に必要なスキルは「相場観」「シミュレーション」「人間力」の3つ。
・これらはどれか1つが欠けてもマイナスに働くので、過不足なく高めていこう。

03

相場観

不動産投資における「相場」とは

そもそも不動産投資における「相場」とは何を指しているのでしょうか。実は、一口に「相場」と言っても、不動産投資を実践する際に知っておくべき指標はたくさんあります。

ここでは、不動投資をする際に見ておくべき相場について、その代表的なものをチェックしておきましょう。次のとおりです。

〈物件〉

●建物の値段

●土地の値段
●賃料（契約形態）
●利回り（表面利回り、実質利回り）
●返済比率（返済額÷家賃収入）
●管理費用
●修繕費用
●金利

〈環境〉
●入居率
●家賃下落率
●街の機能
●競合の状況

建物や土地の値段については、改めて言及する必要はないでしょう。インターネットの物件検索サイトや不動産関連の資料、マイソクなどから容易に閲覧できます。過去の推移や今後の予測などもできれば、シミュレーション時に役立ちます。

賃料については、いわゆる「**レントロール**」から確認できます。レントロールとは、貸借条件一覧表のことです。レントロールからは、現在の入居者がどのような条件で部屋を賃借しているのかがわかります。たとえば、支払っている家賃や敷金、入居年月日、契約期間なども把握することが可能です。

レントロールを隅々まで見ることができれば、そこから相場についても予測できるようになります。賃料の推移はもちろん、そのバラつきや過去の傾向から、どのくらいの家賃が妥当なのかイメージできるでしょう。また、入居者の性別や職業など、属性についても把握できれば物件運営の戦略を立てやすくなります。

利回りや返済比率についても、不動産投資における一般的な指標です。それぞれ、物件選びの最初の段階で目をつけておくための指標として活用できます。投資家によっては、「**NOI**（Net Operating Income　純利益）」や「**ROI**（Return On Investment　投資利益率）」などを活用している人もいます。

管理費用や修繕費用、あるいは融資金利の相場を知っておくことも大切です。どのくらいの水準で費用がかかるのかをあらかじめ知っておけば、収支計算もスムーズに行えるようになるためです。

とくに、「**得られる家賃収入に対して、どのくらいの支出があるのか**」を理解しておくことは、投資の健全性を見極めるためにも役立ちます。できるだけリスクを減らすために、キャッシュフローのバランスも考慮しておくべきなのです。

物件以外の相場について

直接的に物件に関係する指標としては、周辺物件を中心とした「**入居率**」「**家賃下落率**」「**街の機能（エリアの特性）**」「**競合の状況**」などもチェックしておくといいでしょう。

立地がいい物件でも、入居率が低かったり、あるいは家賃下落率が高かったりする物件は、購入後、収入が不安定になる可能性があります。安定的な収入が得られなければ、資金状況にも影響をおよぼすかもしれません。

また、街の機能や競合の状況など、シミュレーションにそのまま活用できる数値ではなくても、押さえておくべきものがあります。とくに、未来にわたってどのように需要が変化するのかを知るために情報を集めておけば、意思決定の精度も高まります。

調べてみるとわかりますが、市区町村ごとに、どのような開発計画があるのかを知ることは可能です。インターネットだけでなく、自治体の資料や地元業者へのヒアリングなど、できるだけ生の情報を集めるようにするといいでしょう。

加えて、競合物件の情報も把握しておけば、需要の予測にブレがなくなります。立地がいいのに入居率が悪く、管理の状況もいいのであれば、そのエリアが供給過多になっている可能性もあります。競合の動向を知り、現状を正しく認識するべきです。

発生するコストを細かく見積もること

相場観を養うには、とにかくたくさんの物件情報にふれるしかありません。数多くの事例をシミュレーションしていると、どのような勝ちパターンがあるのかがわかるようになり、そこから勝ち・負けを分ける水準も見えてくるようになります。

その点において相場とは、**勝ち負けを分けるポイントを見抜き、より良い条件で投資を行うための指標**であると言ってもいいでしょう。勝てる条件さえわかるようになれば、物件ごとの判断もスムーズに行えるようになります。

ただ、問題は**どの物件においても「絶対」はない**ということです。どんなに相場より優れている物件であっても、何らかのトラブルによって価値が毀損してしまう可能性はあります。そして、それらのすべてをあらかじめ予測することはできません。

たとえば、日本であれば地震です。好立地のマンションを購入したものの、地震によってその建物が倒壊してしまえば元も子もありません。いくら保険でカバーしても、未来にわたって得られたはずの収益までは戻ってこないのです。

だからこそ、想定できる限りのリスクを想定し、発生する小さなコストも見逃さないことが大切です。不動産投資はとかく大きな金額が動くものですが、小さなリスクやコストに眼を配ることが、勝てる確率を高めることにつながります。

また、相場観を養うためにには、日々情報収集を徹底しておく必要があります。日経新聞をチェックしたり、「不動産」というキーワードの記事を集めておいたりなど、できることはたくさんあります。大切なのは**習慣的に情報を集める**ことです。

「情報収集の習慣化」という意味においては、不動産投資のコミュニティに参加するのも効果的でしょう。場合によっては、旬の情報を得られるかもしれません。自分から情報を発信することが、人脈の形成につながることもあります。

あとは、不動産情報に関わらず、広く経済についてもアンテナを張っておくことです。何が不動産投資に影響するかわかりません。世の中の動きを見て、相場を見極めつつ、最適なタイミングで投資できるよう準備を進めていきましょう。

POINT

- 「相場観」を身につけるには、不動産投資に関する様々な指標を理解する。
- 「相場観」を養うには、習慣的に情報を集めることを徹底する必要がある。

04

シミュレーション(計数管理能力)

不動産投資に不可欠な「計数管理能力」とは

不動産投資では、シミュレーションが欠かせません。すべてのケースにおいていきなり実践するのではなく、シミュレーションを経ることによって事前に収益を予測し、リスクを考慮した上で投資することが不動産投資の成功確率を高めます。

では、具体的にどのような数値についてシミュレーションをしていくべきなのでしょうか。とくに重要な指標をいくつか挙げてみましょう。次のとおりです。

〈計算するべき数値〉

●売上（インカムゲイン＋キャピタルゲイン）
●利益
●税金
●減価償却費
●損益計算書
●貸借対照表

このうち、とくに不動産投資において重要なのは「**減価償却費**」です。売上や利益だけでなく、税金を含めた減価償却費の関係性を理解しておくことが、不動産投資で勝つためのポイントになると言っても過言ではないでしょう。

ちなみに、損益計算書や貸借対照表については、企業会計において一般的に使われているものです。簡単に言うと、企業の財務状況をフローとストックの両面から見るものなのですが、不動産投資においても、その発想はとても重要です。

ただ、損益計算書や貸借対照表を見ることができれば、不動産投資で成功できるというわけではありません。あくまでも、お金に対するリテラシーを高めるために必要なものであると認識しておきましょう。

とくに将来、不動産投資を法人で行いたいと考えている方にとっては必須の概念となります。まずは、損益計算書と貸借対照表の意味と見方について学んでください。

不動産投資における減価償却費とデットクロス

では、不動産投資における減価償却費およびデットクロスについて見ていきましょう。

そもそも減価償却費とは、建物や機械、自動車などの事業に必要な設備（減価償却資産）を、その耐用年数に応じて経費として計上することを言います。ちなみに、土地や骨董品など、時間の経過によって価値が減少しないものは減価償却の対象ではありません。

多くの物は、経年によって劣化していきます。その点、購入時にすべて経費に計上するのではなく、使用可能な期間に分けて分割計上していく必要があるということです。実務的な側面を考慮した税制の仕組みと理解してください。

※「減価償却のあらまし」国税庁

https://www.nta.go.jp/taxanswer/shotoku/2100.htm

では、不動産投資において、減価償却費はどのようにして計算すればいいのでしょうか。土地が減価償却資産でないことはすでに述べたとおりです。つまり、不動産投資においては主に〝建物〟が減価償却資産となります。

減価償却の計算は、「**物件（建物）の価格**」と耐用年数に応じた「**償却率**」によって算出されます（定額法）。そして、建物はその構造によって耐用年数が決まっています。次のとおりです。

●鉄筋コンクリート（RC）　47年（償却率2・2％）
●重量鉄骨　34年（償却率3％）
●木造　22年（償却率4・6％）

※「償却率早見表」
https://www.nta.go.jp/shiraberu/zeiho-kaishaku/joho-zeikaishaku/

shotoku/shinkoku/070914/pdf/06.pdf

たとえば、1億5000万円の不動産を購入し、そのうちRC造である建物部分の価格が1億円だったとします。その場合の減価償却費（年）は、「1億円×償却率0・022（耐用年数47年）＝減価償却費220万円（年）」となります。

また、それぞれの構造によって、減価償却費を計上できる期間に差があるため、注意が必要です。つまり、耐用年数が短いものほど年間の減価償却費が増え、その分の利益が減る反面、支払う税金は少なくなるということです。

加えて、購入した建物が中古物件であった場合、すでに耐用年数を超えていれば「法定耐用年数×20％」で計算し、一部を経過している場合であれば「（耐用年数－経過年数）＋経過年数×20％」によって耐用年数を割り出します。

このような仕組みを見ていくと、経費としての減価償却費をできるだけ多くすれば、キャッシュフローを悪化させることなく税金が安くなると考える方もいるでしょう。たしかに、そういった側面もあります。事実、節税に減価償却費は使えます。

ただし、売却時にも税金がかかることを忘れてはなりません。そして、売却時の課税譲渡所得は「譲渡収入－（（取得価額－減価償却費）＋譲渡費用）－特別控除額」となるため、結果的にあとから税金を多くとられてしまうことになります。

ちなみに、個人で物件を保有して譲渡した場合は、「**分離課税制度**」が採用され、短期と長期によって税率が異なります。

●短期譲渡所得（譲渡した年の1月1日現在の所有期間が5年以下の土地や建物を売ったときの税額）→課税短期譲渡所得金額×30％（住民税9％）

●長期課税所得（譲渡した年の1月1日現在の所有期間が5年を超える土地や建物を売ったときの税額）→課税長期譲渡所得金額×15％（住民税5％）

※各々、平成49年まで復興特別所得税2・1％がかかる

※国税庁

https://www.nta.go.jp/taxanswer/shotoku/1440.htm

https://www.nta.go.jp/taxanswer/joto/3211.htm

https://www.nta.go.jp/taxanswer/joto/3208.htm

減価償却費の概要を理解した上で、「**デットクロス**」について見ていきましょう。デットクロスとは、元利均等返済でローン返済をしている際、返済する元金が減価償却費の額を上回ってしまう状態を指します。

そもそも減価償却費や金利（利息）は、経費として計上できます。その分、税額を圧縮できます。しかし、元金に関しては経費になりません。そのため、年数が経過していくことによって減価償却費がゼロになってしまうと、一気に所得が増えてしまうのです。

すでに述べているように、減価償却費の計上においては、経費になるものの、実際にお金が出ていくわけではありません。そのため手元にお金を残しつつ、所得を減らす（税額を減らす）ことができるのです。

しかし、デットクロスが拡大することによって所得が増え、税額も増えてしまうと、キャッシュフローが悪化してしまう恐れがあるのです。

売上はあるのにお金がない状態で倒産する企業を、一般に「黒字倒産」と言います。キャッシュフロー、つまり資金繰りがうまくいかず、途中で資金がショートしてしまう状態を指します。それが不動産投資でも起きてしまう可能性があるのがデットクロスというわけです。

デットクロスは物件を購入してすぐに訪れるものではなく、時間をかけて到来します。そのため、事前に対策を練っておくことが大切です。たとえば、デットクロス対策には次のようなものがあります。

●定期的に修繕するなど経費を増やす（減価償却費が増える）
●物件の追加購入（減価償却費が増える）
●繰り上げ返済（元金返済部分を小さくする）
●返済期間の延長（元金返済部分を小さくする）

シミュレーションを行うために必要なスキルとは

このように、減価償却費の計算をはじめ、不動産投資においてはさまざまなシミュレーションをしなければなりません。その多くは表計算ソフト上で完結できるものとなりますが、その前提として、身につけておくべきスキルがいくつかあります。

たとえば、代表的なスキルには次のようなものが挙げられるでしょう。

〈シミュレーションに必要なスキル〉

- 計数管理能力（暗算能力）
- お金の知識
- 表計算ソフト操作
- FPの知識
- 統計学
- 経済学
- 経営力

計数管理能力とお金の知識については、密接な関係性があります。お金を管理するためには計算が必要ですし、計算することによってお金の管理ができるようにもなるためです。大きなお金だけでなく、小さなお金にも意識を向けられるようになれば、投資に対する姿勢も変わるはずです。

また、ライフプランや将来計画を加味したお金の管理については、ＦＰ（ファイナンシャル・プランナー）としての知見があると役立ちます。

そもそもファイナンシャル・プランニングを行うには、家計にかかわる金融、税、不動産、ローン、保険、教育資金、年金制度など、幅広い知識が必要になるとされています。それらを理解しておけば、不動産投資に活用できることは間違いありません。

統計学の知識については、物事の相関や事象ごとの関係性を数値で把握する際に役立ちます。統計的な視点があるだけで、１つひとつの事柄を主観的にとらえるのではなく、客観的に理解することが可能となります。そのような数字から見るバランス感覚は、不動産投資においても強い武器になるでしょう。

経済学的視野においては、新聞などによる日々の情報収集では体系的に学ぶことが難しいため、専門書籍を読んだり、大学院などに通うこともお勧めします。

加えて、将来的に法人での不動産事業を検討している方はもちろん、そうでない方も経営力を身につけておくことをおすすめします。経営力とは、事業を推進していく力であり、判断力、推進力、あるいは先見性なども問われます。

くり返し述べてきたとおり、不動産投資はビジネスとしての側面が強いです。そのため、投資家自身に「**経営者となって不動産投資を進めていく**」という気概がなければ、持続的に成功することはできません。

少なくとも、不動産投資に関するシミュレーションをするにあたり、こういったスキルが必要になるということを理解しておきましょう。

POINT

- シミュレーションにおいて、特に「減価償却費」の理解は重要である。
- エクセルやFPなどの知識・スキルは不動産投資で大きな効果を発揮する。

05

人間力

不動産投資における「人間力」とは

不動産投資のようないわゆる〝数字との戦い〟において、なぜ人間力が重要なのかと、疑問に思う方もいるかもしれません。しかし、人間力が十分に養われていなければ、不動産投資で継続的に成功することはできないのです。

では、人間力とはどのようなスキルを指しているのでしょうか。実は、不動産投資に必要な人間力は多岐にわたります。たとえば、次のようなものが挙げられます。

●コミュニケーションスキル

- 質問力
- 人間的魅力
- 気配り
- 交渉力
- 巻き込み力
- 企画力
- リサーチ力（情報収集力）
- 行動力

コミュニケーションスキルとは、他人と意思の疎通を図るために必要な能力のことです。対話を通して人間関係を構築することはもちろん、電話やメール、近年ではＳＮＳを活用したコミュニケーションもまた重要視されています。

他人との会話の中でうまく情報収集していくには、質問力も必要でしょう。適切な質問をし、必要な情報を得ながら自らのことも開示していけば、お互いに信頼関係を築くことにつながります。そのようにしてできた人脈は、不動産投資でも大いに役立ちます。

その点、人間的魅力も欠かせません。人と対面する際には笑顔を心がけ、明るくハキハキとした態度でいることなど、基本的なマナーや気配りを通して人間的魅力を身につけておけば、どこに行ってもコミュニケーションに困ることはないでしょう。

その上で、不動産の売買には交渉力も求められます。価格交渉はもちろん、条件の緩和や駆け引きなど、不動産投資においてビジネス上の交渉は欠かせません。そういった意味においては、他人を巻き込む力もまた求められることになります。

企画力については、物件の情報を閲覧したとき、どのような未来をイメージできるかという「想像力」と言い換えてもいいでしょう。単純に採算が取れるかどうかだけでなく、物件の未来を描けることによって、購入判断も変わってくるはずです。

相場観やシミュレーションにも関わることとしては、やはりリサーチ力（情報収集力）が挙げられるでしょう。インターネットでのリサーチをはじめ、書籍などの資料、勉強会、あるいは不動産業者や現地の人からのヒアリングなど、幅広い情報収集力があれば他の投資家と差をつけることができます。

そして、得られた情報やイメージした投資計画を実行し、実際の行動へと移すための行動力。これがなければ不動産投資ははじまりません。いくら机上で検討していても、行動しなければ投資で勝つことはできないのです。

このように、不動産投資家として成功するには、実にたくさんの人間力が求められます。

業者から嫌われる不動産投資家の特徴

視点を変えて、「**業者から嫌われやすい不動産投資家の特徴**」について考えてみましょう。どのような不動産投資家が嫌われるのかがわかれば、好かれる投資家、あるいは人間関係を構築しやすい投資家の姿も見えてくるはずです。

経験上、嫌われやすい不動産投資家の特徴には次のようなものが挙げられます。

- 頑《かたく》なな人（頑固な人）
- 嘘をつく人
- マナーがなっていない人
- 相手の気持ちを理解していない人
- ビジネスの基本が身についていない人（自分を〝客〟というふうに考えている人）

座学で身につけた知識は、不動産投資を成功させるための基礎になります。どれだけ自分の頭で考えたかによって、意思決定の質が高まることは確かです。

ただ、人のアドバイスにまったく耳を傾けず、自分の考えが絶対に正しいと思い込んでしまう人は、良好な人間関係を構築できません。そのような人は、結果的に業者から煙たがれてしまうのです。

嘘をつく人も同様です。信頼関係の基礎は「**お互いがきちんと真実を話す**」という前提において成り立っています。とくに、やむを得ない嘘ならともかく、相手を陥れようとしてつく嘘は、信頼関係を根底から揺るがしてしまいます。それは、あらゆる人間関係において言えることでしょう。

そして、不動産投資もまたビジネスであるため、基本的なマナーを身につけておかなければなりません。TPO（Time　時間／Place　場所／Occasion　場合）をわきまえた服装や態度をとるなど、基礎的な素養はマスターしておきたいところです。

また、相手の立場にたって物事を考える癖がついていないと、どうしても自分の利益ばかり考えてしまいます。それでは相手を巻き込むことはできません。相手の事情を考慮し、お互いがWin-Winの関係性になれてこそ、ビジネスは円滑に進みます。

その点で言えば、あらかじめビジネスの基本を身につけておく必要があります。社会はどのような仕組みで成り立っているのか。その上で、ビジネスはどういうシステムで回っているのかを知ること。そのような基礎がなければ、業者から甘く見られてしまっても仕方ないでしょう。

とくに、「自分は客なのだから、業者や周りの人がいろいろやってくれて当然」という考えの人にまず人はついてこないので、「人に感謝する」という基本的なところに立ち返ってください。

人間力が不動産投資を成功に導く

条件が悪い物件を購入してしまったり、あるいは情勢の変化によってピンチが訪れたりしても、人間力を発揮して状況を打開できる場合があります。

たとえば、購入した物件の空室がどうしても埋まらないとき、費用を投じて広告宣伝を行ったり、あるいはサブリース会社を利用したりするだけでなく、管理会社と人間関係を築くことによって状況を打開できることもあるのです。

とくに管理会社が思うような働きをしてくれない場合には、信頼関係をきちんと構築することによって、空室率を改善できる可能性もあります。

難しいことをする必要はありません。年末年始やお盆など、タイミングを見てあいさつに行くだけでもいいのです。そのときに「いつもありがとうございます」と言いながら菓子折りを差し出せば、どうしたって相手は「このオーナーのために頑張ろう」と思うはずです。

あるいは、金融機関との関係性においてもそうでしょう。「あの金融機関のあの支店は、今月のノルマが未達だと言っていたな」ということがわかれば、そこに案件を持ち込むことで、お互いにいい話をできるはずです。

そうした情報をたくさん保有していれば、それだけで、不動産投資をより良い条件で進めていくことができます。A銀行、B銀行、C信金があった場合、そのうち最も良い条件を提示してくれるところを選び、より勝ちやすい状況を構築することも可能なのです。

投資となると、つい数字の計算や計画性ばかりにとらわれてしまうものです。ただ、人間力といったソフトの部分もまた重要であることを忘れてはなりません。やはり、「**相場観**」「**シミュレーション**」「**人間力**」をバランスよく兼ね備えている人ほど、不動産投資で成功しやすいのです。

POINT

・不動産投資は極めて人間くさい世界。人間力の向上は成功の大きなポイント。
・パートナーへの細かな気遣いが空室リスク減少や融資成功に結びつくこともある。

06

Q&A

不動産投資にまつわる関係者との出会い

Q1 金融機関をはじめとする〝いい不動産業者〟とは、どこで出会えばいいのでしょうか？

A1 やはり、不動産会社からの紹介がメインとなります。とくに初心者の方であれば、不動産業者からの情報収集を兼ねて、オススメの金融機関を紹介してもらうといいでしょう。土地勘が乏しい場所で購入するのならなおさらです。

もし、金融機関を紹介してくれなかったり、あるいは紹介された金融機関に問題があったりすると感じたのなら、その不動産会社とはつきあわないようにするべきです。そうしたところからも、取引先の良し悪しを判断することができます。

あるいは、不動産投資に関する勉強会やセミナーに参加し、利用している金融機関について聞いてみるのもいいでしょう。地域によって異なりますが、大手から中小まで、とくに利用されている金融機関はそれほど多くないはずです。

Q2 勉強会やセミナーの情報を信じても大丈夫でしょうか？

A2 勉強会やセミナーの参加者は千差万別です。まじめに投資をしている人もいれば、情報収集をしにきているだけの業者も紛れていると考えられます。そのため、話をそのまま鵜呑みにするのではなく、自ら判断する姿勢が大事でしょう。

とくに物件の情報については、全員がいい物件に出会えるというわけではなく、1つの優良物件を購入できるのは1人だけです。その点、他人が勧める物件を何も考えずに購入するというのは避けるべきだと言えます。

また、参加するべき勉強会やセミナーについては、きちんと失敗談を共有してくれるところがいいでしょう。成功事例はたくさん出回っていますが、失敗事例はそう見つからないものです。ホットな失敗事例から、成功の秘訣を探るようにしましょう。

リフォームやリノベーションについて

Q3　物件のリフォームやリノベーションは、どのように判断するべきですか?

A3　そもそもリフォームやリノベーションは、物件の価値を高めるための施策です。そのため、リフォームやリノベーションによって家賃が上がる可能性のあるエリアで実施するのが基本となります。場合によっては、2~3割の上昇も見込めます。

ただし、エリアの相場によっては、いくらリフォームやリノベーションをしても家賃が上げられないところもあるでしょう。さらに入居率の上昇も見込めないのであれば、リフォームやリノベーションをしても意味がありません。

そのため、リフォームやリノベーションによってどのくらいの費用対効果が得られるのかを事前に計算し、そのうえで、立地を考慮した判断をするようにしてください。場合によっては、住居からオフィスへと変更するような大規模のリノベーションも模索するべきです。

Q4 施工業者によってリフォームやリノベーションの質も変わりますか？

A4 当然、変わります。リフォーム内容やその質、技術力、あるいは価格についても、業者によって違いがあると理解してください。だからこそ、事前のリサーチやいい業者との出会い、さらには紹介を得られるような関係構築が欠かせません。

とくに価格については、１００万円でできるところを２５０万円で提示してくるなどの事例もあるようです。相場がわかりにくいだけに注意が必要です。そうしたトラブルに巻き込まれないためには、複数業者から相見積もりをとるなど、リスク管理が大切です。

また、不動産投資の経験を積めば積むほど、そのような施工業者の特性も見えてくるものです。取引を重ねることによって条件を良くしてくれる業者もあるため、やはり、人間力が大事であることは言うまでもありません。

狙うべきエリアやジャンルはあるのか

Q5 不動産投資に最適なエリアはありますか？

A5 本文でも述べているように、基本的には、都心でも地方でも勝つことは可能です。また同じ都心であっても、エリアによってはそれぞれ特徴が異なるため、一概に「どこがいい」とは言えないのが実情です。当然、タイミングによっても勝ち方は違うでしょう。たとえば、「東京都心で物件を買う」となった場合、千代田区や港区と渋谷区や新宿区を同じように考えていいのでしょうか。どちらもそれぞれ特性がありますし、また、入居者の層も違うのは誰が見ても明らかです。

大切なのは、都心や地方などといった枠組みでくくってしまうのではなく、それぞれのエリアと個々の物件をきちんと精査し、1つひとつ判断することです。選択肢を狭めてしまうと、それだけいい物件に出会うチャンスも少なくなってしまうのですから。

Q6 世間には「都心」「地方」「新築」「中古」「一棟」「一戸」などに特化した戦略もあるようですが……。

A6 たしかに、それぞれ戦略が異なるのは事実です。また、不動産投資家によっては、得意なジャンルもあれば不得意な分野もあることでしょう。ただ、いずれにしても、いい物件はいいですし、悪い物件は悪いというのが真理です。

つまり、地方にある中古の区分マンションで勝つ人もいれば、都心にある新築1棟マンションで負けてしまう人もいるのです。どの方法論が優れていて、どの方法論は正しくないということはありません。

どこかの分野だけを見るようになってしまうと、不動産投資というビジネスの本質を見失ってしまう可能性があります。いい物件を見極め、適切な条件とタイミングで購入し、きっちり運用、そして高値で売却する。それが不動産投資の基本なのです。

不動産投資に取り組む際のスタンス

Q7　不動産投資の家賃収入だけで暮らしていくことは可能ですか？

A7　今の相場観では、これから不動産投資をはじめる人が、いきなり不動産投資だけで生活するのは難しいのが実情です。たとえば、年間の表面利回り（グロス）が7％、価格が5000万円の物件を購入したとします。もし運良く満室で推移したとしても、家賃収入は350万円です。

しかも、そこから必要経費を差し引き、さらには税金を納めなければなりません。そうなると、手残りの利益だけで生活していくのは難しいでしょう。より高額の物件を購入すれば家賃収入は増えますが、その分、空室をはじめとするリスクも増えることになります。

そもそも不動産投資の収入だけで生活するということは、プロの投資家になるということです。そのためには、知識や知見、そして経験も積まなければならないでしょう。そのため、まずは本業を持ちつつ挑戦した方が無難と言えます。

Q8 不動産投資はどのくらいのスパンで取り組むべきでしょうか？

A8 1つの物件に対し、おおむね10年ほどのスパンで見ておくといいかと思います。家賃収入を得ながらローンを返済し、場合によっては売却益を得ることを模索しておく。そのような流れの中で、適切なタイミングもふまえれば、10年が1つの基準になります。

もちろん、保有し続けることで利益を生むのであれば、必ずしも売却する必要はありません。その物件を元に、あらたな融資を受けて別の物件を購入するという方法もあります。いずれにしても、無理に短期間で売却するのは得策ではありません。

とくに資金繰りが悪化した人は、できるだけ早く物件を処分しようと考えるものですが、そのような焦りは買い手に交渉の余地を残してしまうことになり兼ねません。相場を見ながら、最適なタイミングで売却できるようにしておくべきです。

不動産投資に取り組む理由

Q9 安定した職業の方が不動産投資に取り組んでいるのはなぜでしょうか?

A9 まず、本文でも述べているように、銀行の審査が通りやすいという側面があります。不動産投資は融資を受けて実行するのが基本のため、安定した収入がある人の方が、取り組みやすいというわけです。

加えて、本業がある方の副業として、不動産投資は適しています。なぜなら、自ら行うべき作業が限定されているからです。たしかに購入時の判断は必要ですが、管理や売却に関しても、専門の業者に外注することでスムーズに行うことができるのです。

また、将来不安を解消するという意味においても、資産としての不動産を持ちたいという方が増えていると考えられます。資産のポートフォリオとして、現金や証券だけでなく、不動産も保有することでバランスを保つという発想が根底にありそうです。

Q10 特殊な理由から不動産投資に取り組む人もいますか？

A10 不動産投資に取り組む理由はさまざまです。たとえば、子どものために資産を残したいと考えている方もいれば、仕事を辞めてボランティア活動をするために今から不動産投資をする、という方もいます。

もちろん、基本的には、安定した収入やまとまったお金を得るために投資を行うわけですが、その背景にある事情は人それぞれです。ただ、堅実な投資であり、かつディフェンシブな側面が強いからこそ、未来志向の方が多いように感じます。

たとえば、会社の将来を考えて不動産投資をしている経営者などはまさに、その典型的な例と言えるでしょう。株は値動きによって価値が大きく下がってしまうことがありますが、不動産に関しては、そう簡単に下がるものではありません。

事業としての不動産投資

Q 11 不動産投資で得られた収益は好きなことに使っても大丈夫ですか？

A 11 税金を支払って残った利益があれば、使ってしまっても構いません。ただ、あくまでも投資として行っていることなので、できるだけ残しておいた方が得策です。なぜなら、そうすれば不測の事態にも対処できるためです。

たとえば、退去者が相次いでクリーニング費用がかさんでしまったとき。内部留保があればそこから支出することが可能です。あるいは、設備等の故障によって、まとまったお金が必要になることもあるでしょう。そのような事態に対処するためには資金が必要です。

不動産投資で得られた収入は、あくまでも、事業所得であることを忘れてはなりません。戦略的に活用すれば、デットクロスを避けるための繰り上げ返済に使うなどの方法もあるのです。きちんと管理し、黒字倒産に陥らないようにしましょう。

Q12 将来的には法人を設立したいと考えています。どのようなことを意識するべきでしょうか？

A12 不動産投資を実践しつつ、あわせて、企業経営の基本について学んでいくといいかと思います。不動産投資の基本は事業経営と同じです。どのくらいの収益があり、どのくらいの経費がかかり、どのくらいの利益が出るのか。その構造を知るのです。

また、ビジネス上の人間関係を構築するという点においても、将来の役に立つはずです。法人化して事業をするにしても、やはり、重要なのは人脈です。あらかじめきちんと人脈を形成しておけば、強力な武器になるはずです。

あとは、金融機関や不動産業者、あるいはリフォーム会社などをこまめに回り、顔を売っておくといいでしょう。自らの経営ビジョンについても語っておけば、協力してくれる人が現れるかもしれません。有力な情報を得られる確率も高まります。

おわりに

騙されてからでは遅い？

私の知人に、不動産投資でトラブルに巻き込まれてしまった人がいます。

ある不動産会社に、持ち分の半分を保有していた物件を安い価格で買い叩かれてしまったのです。その後、裁判によって買い戻せたのでよかったのですが、危うく全財産を失うところでした。

このように、不動産業者に騙されてしまうケースは後を絶ちません。これから先、日本の高齢化社会が進むにつれ、そうした事例が増えていくことも予想されます。不動産のことを知らない素人であれば、騙されてしまうのも無理はありません。

もちろん、すべての不動産業者が悪いわけではありません。多くの業者は顧客のことを考え、真っ当なビジネスを展開しています。ただ、一部の悪徳業者がいるのも事実です。そのことを忘れてはなりません。

悪徳業者が存在しているのは、何も不動産業界に限ったことではありません。巨額のお金が動く投資の世界では、詐欺まがいの事件が日常的に起こっています。近年であれば、ベンチャー投資や仮想通貨など、事例は枚挙に暇がありません。

大切なのは、「**騙されてからでは遅い**」ということを認識することです。不動産投資のように、数千万円〜数億円規模の投資を行ったあと、騙されたことに気づいてもあとの祭りです。多額の借金を背負うのは自分であり、返済義務も自らにあります。

しかも、それが明確に詐欺と言えない事象であれば、訴えることもできません。投資はあくまでも自己責任の世界です。とくに投資の失敗に関しては、自分で負債を背負う覚悟がなければ参入してはいけません。それが投資の現実なのです。

「自己責任」が基本の厳しい世界だからこそ

ただし、本書で述べてきたように、不動産投資は正しい知識と方法論を身につけた上で実践すれば、堅実なビジネスとなり得ます。それは投資であり、資産運用でありながら、将来的には事業へと成長する可能性を秘めています。

事実、不動産投資で成功した投資家の中には、法人を設立して不動産運営を継続したり、あるいはコンサルタントやアドバイザー、あるいは管理会社の運営などに着手したりする人もいます。不動産投資には、それだけの魅力とポテンシャルがあると言えるでしょう。

このことからも明らかなように、悪いのは〝不動産投資そのもの〟ではありません。不動産は、私たちの暮らしや仕事、生活、あるいは社会全体を支えてくれているものであり、将来にわたって必要不可欠なものであることは言うまでもないでしょう。

では、何が不動産投資の問題なのか。それは、素人を騙そうとする、悪意のある不動産業者であり、そういった業者の言いなりになってしまう一般投資家です。その両者が、不動産投資業界のイメージを貶《おとし》めています。

くり返しになりますが、そもそも不動産投資は、正しい知識と方法論で実践すれば、どのような条件でも勝つことが可能です。もちろん、物件の立地や建物の状態によって勝てる可能性に差はあるものの、基本的にはどの物件でも勝負はできます。

大事なのは、「**なぜ、その物件を購入しようと思ったのか？**」を明確な理由とともに説明できるかどうかです。計画性があり、再現性があり、事実に基づいた論理的なデータが裏づけとしてあるのであれば、まず高い確率で成功するはずです。

自己責任とは本来、そのような発想があってはじめて背負うべきものと言えます。

不動産投資の基本に立ち返ろう

これから不動産投資をはじめようと思っている方も、あるいはすでに着手している方も、まずは不動産投資ないしは投資そのものの基本に立ち返りましょう。すべての投資家は、リスクとリターンの間で最適な判断をするべきです。

「誰かが言ったから」「専門家が勧めたから」というのは理由になりません。**「なぜ、不動産投資をはじめたのか」「なぜ、その物件を選んだのか」「なぜ、そのような計画を実現できると判断したのか」**が何よりも大切です。

そして、それらの論拠を支えるものは数字であり、正しいデータです。不動産投資において、相場観、シミュレーション、さらには人間力が求められる背景には、そうした事情があることを肝に銘じておきましょう。

事業としても投資としても、あるいは資産運用としても、探求すればするほど楽しくなるのが不動産投資の魅力です。不動産の世界は奥深く、どこまでいっても底が見えません。だからこそ、人生をかけて挑戦する価値があると言えます。

また、不動産には、人の想いが含まれています。そこに住んでいる人、働いている人、買い物をしている人など、不動産が土台となることで豊かな暮らしが実現できています。その背景には、生活を支える不動産への想いがあるのです。

その不動産が実現する生活や社会を想像してみてください。数字だけでは見えてこない、不動産の価値が見えてくるはずです。そこに、その不動産がもたらすストーリーも隠されています。不動産投資に多角的な視点と総合力が求められる理由も、うなずけるのではないでしょうか。

本書を通じて、ともに正しい不動産投資を実践する人が増えてくれれば、著者として望外の幸せです。

八木　剛

【著者紹介】

八木　剛（やぎ・つよし）

株式会社 RIG　代表取締役
不動産投資コンサルタント
1978年生まれ。兵庫県尼崎市出身。大阪明星高等学校卒業。関西大学経済学部経済学科卒業。経営コンサルティング会社、分譲マンション管理会社、賃貸マンションディベロッパー、賃貸マンション管理会社、家主業者を経て、2015年に不動産投資育成株式会社（現株式会社 RIG）を設立。同年、代表取締役に就任。これまで、1,000人以上に及ぶ個人投資家に対し、収益物件を活用した資産育成のサポートを行う。また、自身も収益物件を購入・管理しており、取扱総額は200億円を超える。財務諸表から実施するコンサルティングと金融機関との交渉力には定評がある。著書に『誰も触れない不動産投資の不都合な真実』（幻冬舎）がある。

株式会社 RIG
http://www.reig.jp/

株式会社 RIG
公式サイト

＊本書に記載した情報や意見によって読者に発生した損害や損失については、
著者、発行者、発行所は一切責任を負いません。投資における最終決定は
ご自身の判断で行ってください。

プロが教える
あなたの不動産投資リテラシーを鍛える本

2018年4月30日　初版発行

著　者　八木剛
発行者　野村直克
発行所　総合法令出版株式会社
〒103-0001　東京都中央区日本橋小伝馬町15-18
ユニゾ小伝馬町ビル9階
電話 03-5623-5121

印刷・製本　中央精版印刷株式会社

落丁・乱丁本はお取替えいたします。

ISBN 978-4-86280-611-6
総合法令出版ホームページ　http://www.horei.com/